동원그룹

필기전형

PREFACE

우리나라 기업들은 1960년대 이후 현재까지 비약적인 발전을 이루었다. 이렇게 급속한 성장을 이룰 수 있었던 배경에는 우리나라 국민들의 근면성 및 도전정신이 있었다. 그러나 빠르게 변화하는 세계 경제의 환경에 적응하기 위해서는 근면성과 도전정신 이외에 또 다른 성장 요인이 필요하다.

한국기업들이 지속가능한 성장을 하기 위해서는 혁신적인 제품 및 서비스 개발, 선도 기술을 위한 R&D, 새로운 비즈니스 모델 개발, 효율적인 기업의 합병·인수, 신사업 진출 및 새로운 시장 개발 등 다양한 대안을 구축해 볼 수 있다. 하지만, 이러한 대안들 역시 훌륭한 인적자원을 바탕으로 할 때에 가능하다. 최근으로 올수록 기업체들은 자신의 기업에 적합한 인재를 선발하기 위해 기존의 학벌 위주의 채용을 탈피하고 기업 고유의 인·적성검사 제도를 도입하고 있는 추세이다.

동원그룹에서도 업무에 필요한 역량 및 책임감과 적응력 등을 구비한 인재를 선발하기 위하여 고유의 인적성검사를 치르고 있다. 본서는 동원그룹 채용대비를 위한 필독서로 동원그룹 인적성검사의 출제경향을 철저히 분석하여 응시자들이 보다 쉽게 시험유형을 파악하고 효율적으로 대비할 수 있도록 구성하였다.

신념을 가지고 도전하는 사람은 반드시 그 꿈을 이룰 수 있습니다. 처음에 품은 신념과 열정이 취업 성공의 그 날까지 빛바래지 않도록 서원각이 수험생 여러분을 응원합니다.

STRUCTURE

CONTENTS

PART

I

동원그룹 소개

01 기업소개 및 채용안내

1 개요

(1) 동원 소개

"New Value Creator for the Better Life"

1969년 동원은 대한민국의 살 길은 바다에 있다고 생각했다. 누군가 하지 않으면 새로운 미래는 열리지 않기에 동원이 바다로 나가 신용으로 닻을 올리고 거친 파도와 싸우며 바다를 개척했으며, 캄캄했던 한국의 경제에 새로운 가능성을 보여줬다. 그리고 새로운 생각이 새로운 미래를 만들 수 있다는 믿음으로, 한국은 대륙의 끝이 아니라 세계의 바다로 나아가는 교두보란 생각으로 반세기를 달려왔다. 항상 고정관념을 깨뜨리는 혁신을 통해 동원은 고객과 함께 '새로운 가치를 창조하는 사회필요기업'으로 나아가고 있다.

(2) 동원의 사업

"새로운 가치를 창조하는 사회필요기업"

열성과 도전정신으로 국내 수산업의 활로를 개척해 온 동원은 제조업, 물류업 등 다양한 산업에 두루 진출해 경쟁력을 높여왔다. 그리고 현재 수산유통, 종합식품, 포장재 및 산업소재, 물류, 건설 등의 사업을 영위하고 있으며, 지속적으로 미국, 중국, 일본, 베트남 등 세계시장 개척을 통해 세계적으로 가치를 인정받는 기업으로 성장하고 있다.

	사업군 소개	회사
지주회사	동원그룹의 사업을 주도하는 지주회사	동원엔터프라이즈
해양수산 사업군	세계 최대 선단을 중심으로 전 세계 각지의 먼 바다에서 수산자원 확보를 위해 힘쓰고 있다.	동원산업(수산)
식품가공 · 유통 사업군	국민건강에 기여한다는 사명감으로 식품제조, 식자재유통, 급식, 외식 등의 분야에서 건강한 가치를 제공하고 있다.	동원F&B, 동원홈푸드, 동원팜스, 동원와인플러스
생활서비스 사업군	첨단산업소재, 건설 등 생활과 밀접한 다양한 분야에서 서비스를 제공하고 있다.	동원시스템즈, 테크팩솔루션, 동원건설산업, 동원CNS

물류 사업군	전국 각지를 연결하는 물류센터, 냉동창고를 통해 선진 화된 물류서비스를 제공하고 있다.	동원산업(냉장물류), 동원로엑스, 동 원로엑스냉장
Global Company	글로벌 계열사를 통해 세계시장에 한국의 맛과 생활, 기술을 알리고 있다.	STARKIST, S.C.A SA, TALOFA SYSTEMS, TTP, MVP
인재개발· 사회공헌	교육기관과 장학재단을 통해 미래인재육성을 지원한다.	동원육영재단, 동원리더스아카데미

2 기업문화

(1) 가치체계

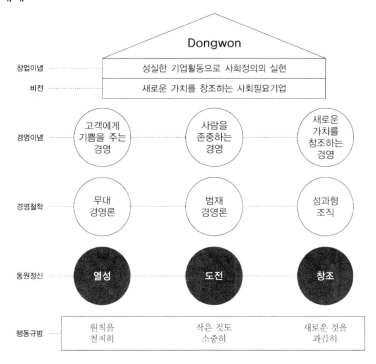

(2) 창업이념 - 성실한 기업활동으로 사회정의의 실현

'성실'이란 열(熱)과 성(誠)을 다하여 중간에 포기하는 일이 없이 끝까지 맡은 사명과 책임을 다하는 진실된 마음가짐과 겸허한 몸가짐을 말한다. 또한 기업으로서 '사회정의 실현'을 한다는 것은 근면과 신용으로 기업 스스로 역량을 키우고 시장경제 원리에 따라 정당하게 기업을 성장시키며 고용을 창출하고 성실하게 납세를 이행하는 것을 의미한다.

(3) 비전 – 새로운 가치를 창조하는 사회필요기업

'새로운 가치'는 보다 나은 생활, 보다 나은 편리성, 보다 나은 안전성, 건강에 보다 유익한 제품 등 기존가치보다 더 뛰어난 가치를 더하는 것을 의미한다. 제품뿐만 아니라 서비스 문화 등 무형의 가치까지 모두 포함된다. '사회필요기업'은 기업 활동에 의한 정당한 이윤추구뿐 아니라 해당사회의 안정을 위한 지속적 고용창출, 이윤에 따른 납세의무 등을 성실하게 이행하여 해당 사회의 건전한 발전에 꼭 필요한 역할을 능동적으로 수행하는 것을 의미한다.

(4) 경영이념

① **사람을 존중하는 경영** ⋯ 기업의 구성주체인 사람을 독립된 하나의 인격체로 인정하고, 일을 통해서 성장하고 발전할 수 있도록 지원하여 우수한 인재로 육성하고, 신바람 나게 일할 수 있는 환경을 조성하여 개인과 회사가 함께 발전해 나간다는 경영원칙

② **새로운 가치를 창조하는 경영** ⋯ 기업이 사회 속에서 계속 존재하기 위해서는 고객에게, 나아가 사회에 대해서 끊임없이 새로운 가치를 제공해야 하며, 조직역량을 강화하여 보다 높은 이상과 탁월함을 추구하고 실현하는 도적적, 혁신적 경영을 해나가야 한다는 경영원칙

③ **고객에게 기쁨을 주는 경영** ⋯ 고객은 회사의 사업기반이며 회사의 존재근거이기 때문에 항상 고객을 생각하며 일하고, 고객의 입장에서 판단하며, 고객을 기쁘게 하고, 궁극적으로 고객과 함께 발전해나가야 한다는 경영원칙

(5) 경영철학

① **무대경영론** ⋯ 회사를 무대에 비유한 것으로, 경영자는 연출자로서 뛰어난 연출과 무대를 제공하고 구성원은 그 무대에서 성실히 연기하여 고객인 관객들로부터 좋은 호응을 얻어낸다는 경영철학

② **범재경영론** ⋯ 화합하지 않는 천재 집단 보다 화합하여 시너지를 창출하는 범재 집단이 더 가치가 있다는 인재철학

③ **성과형 조직론** ⋯ 치열한 경쟁 속에서 밀도와 스피드를 올려 성과를 내는 조직과 사람만이 생존할 수 있음을 의미

(6) 동원정신

① **열성** … 구성원 각자가 '주어진 역할에 몰입하고, 성과창출에 매진하는 정신'으로서 괜찮아, 대충대충, 적당주의와 타협하지 않고 치밀한 계획과 정성을 다하여 목표달성에 기여하는 것

② **도전** … 할 수 있다는 긍정적인 자세로 불굴의 용기를 발휘하여 '새로운 것을 개척해 가는 정신'으로 남보다 앞서 새로운 것을 포기하지 않고 개척해나가는 것

③ **창조** … '새로운 가치창출을 위해 변화와 혁신을 추구하는 정신'으로서 무사안일주의를 타파하고, 새로운 것에 과감히 도전하여, 회사의 유무형의 성장동력과 보다 나은 미래를 창출하는 것

(7) 행동규범

① **원칙을 철저히** … 일을 함에 있어 항상 기본에 충실하고, 정당한 방법을 택하며, 공정하게 경쟁하는 정직한 자세

② **작은 것도 소중히** … 자신의 역할을 명확히 인식하고 주인의식으로 자신의 역할을 끝까지 완수하는 정신

③ **새로운 것을 과감히** … 끊임없이 새로운 것을 창조하기 위하여 자발적인 탐구 자세를 가지고 부단히 자기계발에 힘쓰고 항상 변화를 추구하는 자세

(1) 인재상

① 바르게 생각하고 행동하는 인재

ㄱ 의사결정 시, Fact에 기반하고 다양한 관점을 고려하여 올바른 판단을 한다.

ㄴ 원칙에 충실하고 사회나 조직의 제도, 규범을 실천하려고 노력한다.

ㄷ 맡은 일은 시작부터 완료까지 책임지고 반드시 최종 결과물을 내기 위해 최선을 다한다.

ㄹ 공사를 엄격하게 구분하고 객관적이고 합리적 기준에 따라 일관성 있게 행동한다.

② 자신의 일을 즐기는 인재

ㄱ 자신이 희망하는 일에 필요한 기본 지식과 기술을 습득하고 경험을 쌓기 위해 적극적으로 노력한다.

ㄴ 철저히 계획을 세우고 일정에 따라 일이 원활히 진행될 수 있도록 리드한다.

ㄷ 새로운 상황에 신속히 적응하고 새롭게 학습한 지식과 정보를 적극 활용한다.

ㄹ 부정적이거나 어려운 상황, 실패에 좌절하지 않고 자신의 감정을 안정적으로 유지한다.

③ 새로움을 추구하는 인재

ㄱ 새로운 관점에서 사물을 바라보고, 새롭고 다양한 아이디어를 내는데 흥미를 가지고 있다.

ㄴ 습관적으로 하는 행동이나 방식에 만족하지 않고 항상 새로운 행동이나 방식을 시도한다.

ㄷ 다양한 분야에 관심을 가지고 지식 습득에 노력하며 융합적 사고를 하기 위해 노력한다.

ㄹ 문제발생 시, 문제 본질을 정확하게 파악하고 효과적인 해결책을 도출한다.

④ 목표를 위해 몰입하고 협력하는 인재

ㄱ '반드시 잘할 수 있다'라는 자세로 계획한 일을 달성하기 위해 최선을 다하고 몰입한다.

ㄴ 가치 있는 결과를 내기 위해 끊임없이 연구하고 학습한다.

ㄷ 다른 사람과 함께 일한다는 마음가짐과 자세로 긍정적 결과를 낼 수 있도록 노력한다.

ㄹ 상대방의 말을 잘 경청하고 상호공감대를 형성하면서 소통하며 자신의 의견을 설득력 있게 표현한다.

(2) 채용안내

① 지원방법

㉠ 접수기간 : 2020. 4. 29.(수) ~ 2020. 5. 19.(화) 14:00까지

㉡ 접수방법 : 동원그룹 채용사이트(recruit.dongwon.com) 접속 후 온라인 지원

※ 입사지원서 제출 후 DWBS(DongWon Biodata Survey)까지 응시해야 최종지원 완료

② 지원자격

㉠ 기졸업 및 2020년 8월 졸업예정이신 분

㉡ 7월~8월 인턴십 참여가 가능한 분

㉢ 병역면제 혹은 병역을 마친 분, 해외 출장에 결격 사유가 없는 분

③ 모집부문

직군	직무	회사	관련전공(우대)	근무지	기타사항
영업	수산물유통영업	동원산업	-	서울	제2외국어 가능자(프랑스어/스페인어/태국어/베트남어 등) 우대
	식품유통영업	동원에프앤비	-	전국	입사지원 시 희망근무지 선택
	온라인영업	동원에프앤비	-	서울	
		동원홈푸드		서울	
	식자재유통영업	동원홈푸드	-	서울/대전	
	포장재영업	동원시스템즈	-	서울	
	수주영업	동원건설산업	-	서울	영어 능통자 우대
	해외영업	동원산업	-	부산	영어/스페인어 능통자 우대

생산	생산관리	동원에프앤비	식품/산업공학 계열	진천	
			식품/축산/산업공학 계열	수원/정읍	
		동원시스템즈	화학/화학공학 계열	진천/아산	
	생산기술	동원에프앤비	기계/전기/환경/냉동공조공학 계열	아산/강진	
		테크팩솔루션	기계/환경공학 계열	이천	
	품질관리	동원에프앤비	식품공학 계열	광주	
		동원홈푸드	식품공학 계열	아산	
		테크팩솔루션	화학/화학공학/산업공학 계열	군산	
물류	물류운영	동원로엑스냉장	냉동공조공학/전기/물류학 계열	창원	
건설	건설-건축	동원건설산업	건축공학/건축학 계열	전국	건축기사 우대
	건설-기계		기계/건축설비/냉동공조공학 계열	전국	건축설비/공조냉동/소방설비기사 우대
	건설-전기		전기공학 계열	전국	전기공사/전기/소방설비기사 우대
	건설-토목		토목공학/환경공학 계열	전국	토목기사 우대
IT	시스템개발운영	동원엔터프라이즈	–	서울	IT관련 자격증 우대
마케팅	온라인MD	동원에프앤비	–	서울	
		동원홈푸드	–	서울	

④ 채용절차 및 내용

구분	시기	주요 내용
서류전형 & DWBS	4/29~5/19	• 입사지원서 : 기본사항, 학력사항, 자격사항, 대내외 활동사항 • 자기소개서 : 그룹 핵심가치와 인재상 및 직무 기반 자기소개서 작성 • DWBS(Dongwon Biodata Survey) : 경험에 대한 설문조사, 개인 인적특성 파악, 약 30~40분 소요
필기전형	6월 中	• 인성검사(300~400문항, 1시간 정도 소요) : 지원자의 가치관이나 성향이 동원그룹의 핵심가치와 인재상에 부합하는지 판단, '응답신뢰도'를 최우선적으로 평가 • 기초적성검사 Ⅰ : 언어/수리/상황판단 등을 통해 업무수행에 필요한 기초적 역량을 보유하였는지 진단(오답에 대한 감점 있음) • 기초적성검사 Ⅱ : 다양한 분야(경제 · 경영/정치 · 사회/과학/인문/산업이해)에 대한 관심과 기초학습역량을 보유했는지 진단(오답에 대한 감점 있음)
1차면접 전형	6월 中	※ 권역별 진행 : 서울(수도권/충청권), 광주(호남권), 부산(영남권) • 직무역량면접 : 직무 관심도, 필수역량, 직무지식을 보유하였는지 평가 • 집단면접 : 조직적합성과 직무적합성을 종합적으로 평가(다대다 면접)
인턴십	7~8월 中	※ 총 4~6주간 진행 • 회사, 사업부/부서 교육 : 인턴십 수료 후 최종합격 시, 신입사원으로 근무하게 될 회사와 부서에 대한 이해 • 현장OJT : 직무 특성을 이해, 직무를 수행하는 데 가장 기초적인 직무 경험 • 개인별 프로젝트 : 직간접적 직무경험을 바탕으로 직무나 부서 내 개선점 제안 또는 새로운 아이디어 제안 등 • 평가 : 기본 태도 및 소양, 업무수행 잠재력, 조직적응력 기준, 개인별 프로젝트 과제수행 결과 고려
최종면접 전형	8월 中	–

02 관련기사

동원산업, 수산물 온라인 마케팅 확대

– 최근의 '언택트(untact) 소비 트렌드'에 발맞춰 온라인 판매경로 확대

동원산업이 '비대면(언택트) 소비' 트렌드에 발맞춰 온라인 판매 경로를 확대하는 등 수산물 마케팅 강화에 나섰다.

22일 동원산업에 따르면 최근 쿠팡을 통해 참치회와 훈제연어 제품 5종에 대한 온라인 판매를 시작했다. 동원산업은 식품 전문 온라인몰 동원몰을 통해서도 참치회와 훈제연어 제품을 판매하고 있다.

이외에도 최근 각종 횟감을 집에서 즐기는 소비자들이 늘어나면서 주문 배달 시스템도 강화했다. 횟감 배달 전문 프랜차이즈인 '참치라이더'와 협력해 소비자들이 직접 매장에 방문하지 않아도 참치회와 훈제연어를 접할 수 있도록 했다.

동원산업은 앞으로 소비자가 전화나 온라인으로 횟감을 주문하면 백화점, 대형마트 등을 지역 거점으로 삼아 해당 매장에 있는 횟감들을 포장해 배달하는 시스템을 선보일 계획이다.

동원산업 관계자는 "수산물에 대한 '언택트 소비'가 확산되면서 온·오프라인 경로별 맞춤 마케팅 전략을 선보이고 있다"며 "신선하고 믿을 수 있는 품질의 수산물 제품을 소비자들이 간편하게 즐길 수 있도록 유통 경로를 더욱 확대하여 시장 공략에 나설 것"이라고 말했다.

–2020. 4. 27

면접질문
- 식품을 구매하는 소비자의 성향이 어떠한지, 그에 따른 대응 방법과 함께 자신의 생각을 말해 보시오.
- 최근의 언택트 소비 트렌드에 맞춰 동원그룹의 마케팅 전략은 어떻게 변화하고 있는지 설명해 보시오.

동원F&B, 친환경 보냉재 '동원샘물 프레쉬'로 필환경 경영 박차

– 시판되는 제품과 동일한 '동원샘물'을 얼려 담아 언제든지 음용 가능
– 아이스팩을 얼린 생수병으로 교체해 환경 보호 실천은 물론 고객 편의성까지 제공

동원F&B가 아이스팩을 대체하고 친환경 보냉재로 활용할 수 있는 국내 최초의 얼린 샘물 보냉재 '동원샘물 프레쉬'를 선보이고 필(必)환경 경영에 박차를 가한다.

신선식품 포장에 쓰이는 아이스팩은 플라스틱 성분의 아이스젤이 들어있어 재활용이 불가능한데다가, 싱크대나 하수구에 버릴 경우 환경오염의 원인이 된다. 폐기 시에는 젤을 종량제 봉투에 버리고 비닐팩은 따로 분리 배출해야 하는 등 번거로움도 있다.

동원F&B는 이러한 문제를 해결하기 위해 '동원샘물 프레쉬'를 얼려 아이스팩 대신 사용할 수 있도록 했다. 페트에 들어있는 생수는 시판되고 있는 제품과 동일한 물이기 때문에, 별도로 보관했다가 언제든지 음용이 가능하다.

'동원샘물 프레쉬'는 신선식품 배송 업체들을 대상으로 출시된 B2B(기업 간 거래) 전용 제품이다. 아이스팩보다 단가가 상대적으로 저렴하기 때문에, 업체 입장에서는 '동원샘물 프레쉬'로 교체하는 것이 비용 절감은 물론 환경보호 측면에서도 이득이다.

실제로 동원F&B는 지난해 12월 국내 최대 신선 HMR 온라인몰 더반찬을 통해 '동원샘물 프레쉬'를 시범 운영해, 3달간 약 30만 개의 아이스팩을 대체하는 환경보호 효과를 거뒀으며 소비자들에게 큰 호응을 얻었다.

'동원샘물 프레쉬'의 페트병은 100% 재활용 및 재사용이 가능하며 플라스틱 저감화를 지속해 2013년 환경부로부터 환경성적표지 인증을 받았다. 페트병의 무게를 12.9% 줄여 국립산림과학원의 측정 기준으로 연간 소나무 837만 그루를 심는 환경보호 효과를 인정받은 결과다.

* '필(必) 환경'은 2019년에 새롭게 등장한 소비문화 트렌드로, 신념에 따른 윤리적 소비가 중시되면서 이제는 친환경 소비가 권장이 아닌 필수적인 사항이라는 의미가 담겨 있다.

동원그룹은 '새로운 가치를 창조하는 사회필요기업'이라는 기업 비전에 맞춰 국내 기업집단 가운데 선두적으로 필환경 경영을 실천하고 있다.

– 2020. 3. 24

면접질문 * 친환경 경영이 중요시되고 있는 요즘, 동원그룹이 실천하고 있는 내용을 구체적인 사례를 들어 말해 보시오.

PART

II

인성검사

01 인성검사의 개요

1 허구성 척도의 질문을 파악한다.

　　인성검사의 질문에는 허구성 척도를 측정하기 위한 질문이 숨어있음을 유념해야 한다. 예를 들어 '나는 지금까지 거짓말을 한 적이 없다.' '나는 한 번도 화를 낸 적이 없다.' '나는 남을 헐뜯거나 비난한 적이 한 번도 없다.' 이러한 질문이 있다고 가정해보자. 상식적으로 보통 누구나 태어나서 한번은 거짓말을 한 경험이 있을 것이며 화를 낸 경우도 있을 것이다. 또한 대부분의 구직자가 자신을 좋은 인상으로 포장하는 것도 자연스러운 일이다. 따라서 허구성을 측정하는 질문에 다소 거짓으로 '그렇다'라고 답하는 것은 전혀 문제가 되지 않는다. 하지만 지나치게 좋은 성격을 염두에 두고 허구성을 측정하는 질문에 전부 '그렇다'고 대답을 한다면 허구성 척도의 득점이 극단적으로 높아지며 이는 검사항목 전체에서 구직자의 성격이나 특성이 반영되지 않았음을 나타내 불성실한 답변으로 신뢰성이 의심받게 되는 것이다. 다시 한 번 인성검사의 문항은 각 개인의 특성을 알아보고자 하는 것으로 절대적으로 옳거나 틀린 답이 없으므로 결과를 지나치게 의식하여 솔직하게 응답하지 않으면 과장 반응으로 분류될 수 있음을 기억하자!

2 '대체로', '가끔' 등의 수식어를 확인한다.

　　'대체로', '종종', '가끔', '항상', '대개' 등의 수식어는 대부분의 인성검사에서 자주 등장한다. 이러한 수식어가 붙은 질문을 접했을 때 구직자들은 조금 고민하게 된다. 하지만 아직 답해야 할 질문들이 많음을 기억해야 한다. 다만, 앞에서 '가끔', '때때로'라는 수식어가 붙은 질문이 나온다면 뒤에는 '항상', '대체로'의 수식어가 붙은 내용은 똑같은 질문이 이어지는 경우가 많다. 따라서 자주 사용되는 수식어를 적절히 구분할 줄 알아야 한다.

3 솔직하게 있는 그대로 표현한다.

인성검사는 평범한 일상생활 내용들을 다룬 짧은 문장과 어떤 대상이나 일에 대한 선호를 선택하는 문장으로 구성되어 있으므로 평소에 자신이 생각한 바를 너무 골똘히 생각하지 말고 문제를 보는 순간 떠오른 것을 표현한다. 또한 간혹 반복되는 문제들이 출제되기 때문에 일관성 있게 답하지 않으면 감점될 수 있으므로 유의한다.

4 모든 문제를 신속하게 대답한다.

인성검사는 시간제한이 없는 것이 원칙이지만 기업체들은 일정한 시간제한을 두고 있다. 인성검사는 개인의 성격과 자질을 알아보기 위한 검사이기 때문에 정답이 없다. 다만, 기업체에서 바람직하게 생각하거나 기대되는 결과가 있을 뿐이다. 따라서 시간에 쫓겨서 대충 대답을 하는 것은 바람직하지 못하다.

5 자신의 성향과 사고방식을 미리 정리한다.

기업의 인재상을 기초로 하여 일관성, 신뢰성, 진실성 있는 답변을 염두에 두고 꼼꼼히 풀다보면 분명 시간의 촉박함을 느낄 것이다. 따라서 각각의 질문을 너무 골똘히 생각하거나 고민하지 말자. 대신 시험 전에 여유 있게 자신의 성향이나 사고방식에 대해 정리해보는 것이 필요하다.

6 마지막까지 집중해서 검사에 임한다.

장시간 진행되는 검사에 지칠 수 있으므로 마지막까지 집중해서 정확히 답할 수 있도록 해야 한다.

02 실전 인성검사

※ 인성검사는 응시자의 성향을 파악하기 위한 도구로 별도의 정답이 존재하지 않습니다.

▌1~100▌ 다음 주어진 문장을 보고 응답 Ⅰ에는 전혀 그렇지 않다-①, 그렇지 않다-②, 보통이다-③, 그렇다-④, 매우 그렇다-⑤ 중 선택하여 표시하고, 응답 Ⅱ에는 자신과 가장 가까운 문장은 가깝다에 표시하고 가장 먼 문장은 '멀다에 표시하시오(1번 문항은 예시 문항).

1

문항예시	응답 Ⅰ	응답 Ⅱ	
		가깝다	멀다
① 모임에서 회장에 어울리지 않는다고 생각한다.	❶②③④⑤		
② 어떠한 일에도 의욕이 없이 임하는 편이다.	①❷③④⑤		✔
③ 학급에서는 존재가 두드러졌다.	①②③❹⑤		
④ 남보다 경쟁력을 갖추고 있다고 생각한다.	①②③④❺	✔	

2

문항예시	응답 Ⅰ	응답 Ⅱ	
		가깝다	멀다
① 아무것도 생각하지 않을 때가 많다.	①②③④⑤		
② 매사에 열정적인 편이다.	①②③④⑤		
③ '좀 더 노력하시오'라는 말을 듣는 편이다.	①②③④⑤		
④ 살아오는 동안 크게 잘못한 적이 없다.	①②③④⑤		

3

문항예시	응답 Ⅰ	응답 Ⅱ	
		가깝다	멀다
① 멋진 조연역을 하는 배우를 좋아한다.	①②③④⑤		
② 리드를 하는 편이다.	①②③④⑤		
③ 나서는 것을 좋아하지 않는다.	①②③④⑤		
④ 주연급 배우가 좋다.	①②③④⑤		

4

문항예시	응답 I	응답 II	
		가깝다	멀다
① 여유 있게 대비하는 타입이다.	①②③④⑤		
② 업무가 진행 중이라도 야근을 하지 않는다.	①②③④⑤		
③ 생각날 때 방문하므로 부재중일 때가 있다.	①②③④⑤		
④ 마감 직전에 일을 할 때 집중력이 좋다.	①②③④⑤		

5

문항예시	응답 I	응답 II	
		가깝다	멀다
① 무리해서 행동할 필요는 없다.	①②③④⑤		
② 정해진 대로 움직이는 편이 안심된다.	①②③④⑤		
③ 자유분방한 편이다.	①②③④⑤		
④ 여행은 꼭 계획이 짜여있어야 한다.	①②③④⑤		

6

문항예시	응답 I	응답 II	
		가깝다	멀다
① 비교적 냉정한 편이다.	①②③④⑤		
② 봉사활동에 관심이 많은 편이다.	①②③④⑤		
③ 업무수행 시 동료에게 양보를 자주 하는 편이다.	①②③④⑤		
④ 남의 불행을 봐도 별 감흥이 없다.	①②③④⑤		

7

문항예시	응답 I	응답 II	
		가깝다	멀다
① 훌륭한 문학작품에 감동한 적이 많다.	①②③④⑤		
② 서로의 감정을 나누는 것을 소중하게 여긴다.	①②③④⑤		
③ 매우 이성적인 사람으로 보이고 싶다.	①②③④⑤		
④ 영화를 보고 눈물을 흘린 적이 없다.	①②③④⑤		

8

문항예시	응답 I	응답 II	
		가깝다	멀다
① 조직의 일원으로 어울린다.	①②③④⑤		
② 업무는 매뉴얼대로 철저히 진행한다.	①②③④⑤		
③ 매사에 새로운 시도를 즐긴다.	①②③④⑤		
④ 힘든 일도 마음에 따라 즐겁게 할 수 있다.	①②③④⑤		

9

문항예시	응답 I	응답 II	
		가깝다	멀다
① 되도록 환경은 변하지 않는 것이 좋다.	①②③④⑤		
② 활동범위가 좁은 편이다.	①②③④⑤		
③ 발이 넓다는 말을 많이 듣는다.	①②③④⑤		
④ 주변 사람의 대소사에 관심이 많다.	①②③④⑤		

10

문항예시	응답 I	응답 II	
		가깝다	멀다
① 자신을 시원시원한 사람이라고 생각한다.	①②③④⑤		
② 좋다고 생각하면 바로 행동한다.	①②③④⑤		
③ 가끔 자신이 속이 좁은 행동을 한다고 느낀다.	①②③④⑤		
④ 철저히 분석하여 가능성 있는 일에만 착수한다.	①②③④⑤		

11

문항예시	응답 I	응답 II	
		가깝다	멀다
① 생각이 복잡할 때가 많다.	①②③④⑤		
② 질문 받으면 그때의 느낌으로 대답하는 편이다.	①②③④⑤		
③ 매사 신중하게 일을 진행하는 편이다.	①②③④⑤		
④ 불가능해 보이는 일은 시작조차 하지 않는다.	①②③④⑤		

12

문항예시	응답 I	응답 II	
		가깝다	멀다
① 외출 시 문을 잠갔는지 별로 확인하지 않는다.	①②③④⑤		
② 안전한 방법을 고르는 타입이다.	①②③④⑤		
③ 꼼꼼하지 못한 편이다.	①②③④⑤		
④ 작은 실수는 그냥 넘어가도 괜찮다고 생각한다.	①②③④⑤		

13

문항예시	응답 I	응답 II	
		가깝다	멀다
① 단념이 중요하다고 생각한다.	①②③④⑤		
② 무슨 일이든지 끝까지 도전하는 편이다.	①②③④⑤		
③ 예상하지 못한 업무도 해보고 싶다.	①②③④⑤		
④ 성공보다 중요한 게 도전이라고 생각한다.	①②③④⑤		

14

문항예시	응답 I	응답 II	
		가깝다	멀다
① 평범하고 평온하게 행복한 인생을 살고 싶다	①②③④⑤		
② 특별히 소극적이라고 생각하지 않는다.	①②③④⑤		
③ 반복되는 일상보다 새로운 경험을 좋아한다.	①②③④⑤		
④ 작은 경험이지만 성공한 적이 많다.	①②③④⑤		

15

문항예시	응답 I	응답 II	
		가깝다	멀다
① 내일의 계획은 머릿속에 기억해 둔다.	①②③④⑤		
② 꾸준히 노력하는 것을 잘 하지 못한다.	①②③④⑤		
③ 자신은 성급하지 않다고 생각한다.	①②③④⑤		
④ 새해에 세운 계획대로 실천하고 있다.	①②③④⑤		

16

문항예시	응답 Ⅰ	응답 Ⅱ	
		가깝다	멀다
① 행동력이 있는 편이다.	①②③④⑤		
② 엉덩이가 무거운 편이다.	①②③④⑤		
③ 일이 늦어지더라도 신중하게 진행하는 편이다.	①②③④⑤		
④ 매일 일정을 계획하고 준비한다.	①②③④⑤		

17

문항예시	응답 Ⅰ	응답 Ⅱ	
		가깝다	멀다
① 특별히 구애받는 것이 없다.	①②③④⑤		
② 돌다리는 두들겨 보지 않고 건너도 된다.	①②③④⑤		
③ 행동하기 전에 생각을 많이 하는 편이다.	①②③④⑤		
④ 어떤 일이든 신중하게 고민하고 결정한다.	①②③④⑤		

18

문항예시	응답 Ⅰ	응답 Ⅱ	
		가깝다	멀다
① 비교적 개방적이다.	①②③④⑤		
② 전통을 견실히 지키는 것이 적절하다.	①②③④⑤		
③ 요즘 신세대를 보면 부러움을 느끼는 편이다.	①②③④⑤		
④ 고인 물은 썩기 마련이라고 생각한다.	①②③④⑤		

19

문항예시	응답 Ⅰ	응답 Ⅱ	
		가깝다	멀다
① 상식적인 판단을 하는 타입이라고 생각한다.	①②③④⑤		
② 객관적인 사람이라는 평을 자주 듣는다.	①②③④⑤		
③ 틀에 박힌 사고를 싫어한다.	①②③④⑤		
④ 스스로를 몽상가라고 생각한다.	①②③④⑤		

20

문항예시	응답 I	응답 II	
		가깝다	멀다
① 대인관계에서 가장 중요한 것은 배려다.	①②③④⑤		
② 자신에게 이익이 되는 사람을 주로 만난다.	①②③④⑤		
③ 대인관계에도 이해관계가 중요하다.	①②③④⑤		
④ 쉽게 흥분하는 경향이 있다.	①②③④⑤		

21

문항예시	응답 I	응답 II	
		가깝다	멀다
① 괴로워하는 사람을 보면 우선 이유를 생각한다.	①②③④⑤		
② 대화할 때 상대방의 입장에서 생각하는 편이다.	①②③④⑤		
③ 상식이하의 행동을 하는 동료를 보면 화가 난다.	①②③④⑤		
④ 감정을 얼굴에 잘 드러내지 않는다.	①②③④⑤		

22

문항예시	응답 I	응답 II	
		가깝다	멀다
① 시시해도 계획적인 인생이 좋다.	①②③④⑤		
② 갑작스런 업무를 싫어하는 편이다.	①②③④⑤		
③ 업무가 많을 때는 철야를 해서라도 끝낸다.	①②③④⑤		
④ 일정 없는 여행을 즐긴다.	①②③④⑤		

23

문항예시	응답 I	응답 II	
		가깝다	멀다
① 주변의 일을 여유 있게 해결한다.	①②③④⑤		
② 항상 바쁜 편이다.	①②③④⑤		
③ 틈틈이 독서를 즐기는 편이다.	①②③④⑤		
④ 특별한 취미가 없다.	①②③④⑤		

24

문항예시	응답 Ⅰ	응답 Ⅱ	
		가깝다	멀다
① 경쟁하는 것을 좋아한다.	①②③④⑤		
② 목표 달성에 별로 구애받지 않는다.	①②③④⑤		
③ 범사에 양보하기를 좋아한다.	①②③④⑤		
④ 시작한 일은 그 자리에서 끝을 봐야 한다.	①②③④⑤		

25

문항예시	응답 Ⅰ	응답 Ⅱ	
		가깝다	멀다
① 자주 기회를 놓쳐 아쉬워할 때가 많다.	①②③④⑤		
② 단념하는 것이 필요할 때도 있다.	①②③④⑤		
③ 집착이 강한 편이다.	①②③④⑤		
④ 자신만의 독특한 취미를 가지고 있다.	①②③④⑤		

26

문항예시	응답 Ⅰ	응답 Ⅱ	
		가깝다	멀다
① 새로운 사람을 만날 때는 용기가 필요하다.	①②③④⑤		
② 동호회 등의 활동을 즐기는 편이다.	①②③④⑤		
③ 배낭여행을 좋아한다.	①②③④⑤		
④ 건강을 위해 많은 노력을 하고 있지 않다.	①②③④⑤		

27

문항예시	응답 Ⅰ	응답 Ⅱ	
		가깝다	멀다
① 여러 가지 일을 경험하고 싶다.	①②③④⑤		
② 스트레스를 해소하기 위해 집에서 쉬는 편이다.	①②③④⑤		
③ 다양한 부류의 사람들과의 만남을 즐긴다.	①②③④⑤		
④ 사람을 만나면서 에너지를 얻는 편이다.	①②③④⑤		

28

문항예시	응답 I	응답 II	
		가깝다	멀다
① 무리한 도전을 할 필요는 없다고 생각한다.	①②③④⑤		
② 남의 앞에 나서는 것을 잘 하지 못하는 편이다.	①②③④⑤		
③ 모임을 리드하는 편이다.	①②③④⑤		
④ 나는 좋은 팔로워라고 생각한다.	①②③④⑤		

29

문항예시	응답 I	응답 II	
		가깝다	멀다
① '누군가 도와주지 않을까'라고 생각하는 편이다.	①②③④⑤		
② 지하철의 걸인에게 적선한 경우가 많다.	①②③④⑤		
③ 지나친 도움에는 자존심이 상한다.	①②③④⑤		
④ 도움을 요청하는 것은 어려운 일이 아니다.	①②③④⑤		

30

문항예시	응답 I	응답 II	
		가깝다	멀다
① 사적인 이유로 업무를 미룰 수도 있다.	①②③④⑤		
② 사려 깊다는 소리를 듣는 편이다.	①②③④⑤		
③ 업무진행 시 신속성을 매우 중요하게 생각한다.	①②③④⑤		
④ 일이 남았다면 야근을 꼭 해야한다고 생각한다.	①②③④⑤		

31

문항예시	응답 I	응답 II	
		가깝다	멀다
① 무슨 일이 있어도 오늘할 일은 오늘 끝낸다.	①②③④⑤		
② 월간, 연간 계획을 자주 세우는 편이다.	①②③④⑤		
③ 시간단위로 계획을 세워 일을 진행하는 편이다.	①②③④⑤		
④ 계속 계획을 세우지만 실천하기 어렵다.	①②③④⑤		

32

문항예시	응답 I	응답 II	
		가깝다	멀다
① 사고가 유연한 편이다.	①②③④⑤		
② 독서로 새로운 생각을 접하는 것을 즐긴다.	①②③④⑤		
③ 청소년들을 보며 세대 차이를 많이 느낀다.	①②③④⑤		
④ 기성세대들을 보며 세대 차이를 많이 느낀다.	①②③④⑤		

33

문항예시	응답 I	응답 II	
		가깝다	멀다
① 한 가지 일에 매달리는 편이다.	①②③④⑤		
② 소수의 친구들과 깊게 사귀는 편이다.	①②③④⑤		
③ 낯선 경험을 즐기는 편이다.	①②③④⑤		
④ 다수의 친구들과 두루두루 사귀는 편이다.	①②③④⑤		

34

문항예시	응답 I	응답 II	
		가깝다	멀다
① 새로운 것에 대한 지나친 연구는 시간 낭비다.	①②③④⑤		
② 규칙을 벗어나서까지 사람을 돕고 싶지 않다.	①②③④⑤		
③ 일부러 새로운 도전을 시도하기도 한다.	①②③④⑤		
④ 계획을 세우지만 실천하기 어렵다.	①②③④⑤		

35

문항예시	응답 I	응답 II	
		가깝다	멀다
① 한 가지 일에만 몰두하는 것은 좋지 않다.	①②③④⑤		
② 다양한 경험과 지식을 쌓는 것이 중요하다.	①②③④⑤		
③ 한 분야의 전문가가 되고 싶다.	①②③④⑤		
④ 한 우물만 파면 성공할 수 있다.	①②③④⑤		

36

문항예시	응답 Ⅰ	응답 Ⅱ	
		가깝다	멀다
① 동료가 날 자주 곤경에 빠뜨리려 한다.	①②③④⑤		
② 동료들이 자신을 따돌린다고 생각한 적이 있다.	①②③④⑤		
③ 동료들에게 좋은 인상을 주기 위해 애쓴다.	①②③④⑤		
④ 모든 동료와 사이좋게 지내야 한다고 생각한다.	①②③④⑤		

37

문항예시	응답 Ⅰ	응답 Ⅱ	
		가깝다	멀다
① 동료가 자신을 싫어한다고 느낄 때가 많다.	①②③④⑤		
② 동료들의 자신에 대한 생각이 궁금하다.	①②③④⑤		
③ 팀워크가 좋은 편이다.	①②③④⑤		
④ 조직의 불합리한 관행은 고쳐져야 한다.	①②③④⑤		

38

문항예시	응답 Ⅰ	응답 Ⅱ	
		가깝다	멀다
① 무엇이든지 자기가 나쁘다고 생각하는 편이다.	①②③④⑤		
② 죄송하다는 말을 자주 한다.	①②③④⑤		
③ 자신이 괜찮은 사람이라고 느낄 때가 많다.	①②③④⑤		
④ 불합리한 일을 당해도 내 탓이라고 생각한다.	①②③④⑤		

39

문항예시	응답 Ⅰ	응답 Ⅱ	
		가깝다	멀다
① 고독을 즐기는 편이다.	①②③④⑤		
② 혼자 있어도 외로움을 느낀 적이 거의 없다.	①②③④⑤		
③ 다양한 사람들과 사귀는 것을 즐긴다.	①②③④⑤		
④ 가끔 자신이 무미건조하게 느껴질 때가 있다.	①②③④⑤		

40

문항예시	응답 I	응답 II	
		가깝다	멀다
① 금방 흥분하는 성격이다.	①②③④⑤		
② 신경질적인 편이다.	①②③④⑤		
③ 감정을 능숙하게 다스리는 편이다.	①②③④⑤		
④ 특별히 열정을 가지고 하고 있는 일이 있다.	①②③④⑤		

41

문항예시	응답 I	응답 II	
		가깝다	멀다
① 동료의 허술한 보고서를 보면 화가 난다.	①②③④⑤		
② 무슨 일이든 철저하게 하는 것이 좋다.	①②③④⑤		
③ 동료들이 실수해도 이해하고 넘어가는 편이다.	①②③④⑤		
④ 상사가 사적인 일을 지시해도 묵묵히 수행한다.	①②③④⑤		

42

문항예시	응답 I	응답 II	
		가깝다	멀다
① 자주 생각이 바뀌는 편이다.	①②③④⑤		
② 고지식하다는 말을 자주 듣는다.	①②③④⑤		
③ 농담을 자주하는 사람이 가벼워 보인다.	①②③④⑤		
④ 한번 정한 생각은 잘 바꾸지 않는다.	①②③④⑤		

43

문항예시	응답 I	응답 II	
		가깝다	멀다
① 문제를 해결하기 위해 여러 사람과 상의한다.	①②③④⑤		
② 내 방식대로 일을 한다.	①②③④⑤		
③ 사소한 것도 사람들에게 확인하고 넘어간다.	①②③④⑤		
④ 스스로 확신이 있다면 무조건 밀어붙인다.	①②③④⑤		

44

문항예시	응답 I	응답 II	
		가깝다	멀다
① 자신은 도움이 안 되는 사람이라고 생각한다.	①②③④⑤		
② 다른 사람에게 열등감을 느낄 때가 많다.	①②③④⑤		
③ 자신을 존중하는 편이다.	①②③④⑤		
④ 다른 사람의 장점을 보면 빼앗고 싶다.	①②③④⑤		

45

문항예시	응답 I	응답 II	
		가깝다	멀다
① 자기주장이 강한 편이다.	①②③④⑤		
② 대화에서는 경청하는 것이 가장 중요하다.	①②③④⑤		
③ 주로 다른 사람의 의견을 따르는 편이다.	①②③④⑤		
④ 나의 의견과 다를수록 더 주의 깊게 듣는다.	①②③④⑤		

46

문항예시	응답 I	응답 II	
		가깝다	멀다
① 스포츠 활동에 참여하는 것을 좋아하지 않는다.	①②③④⑤		
② 가까운 거리는 도보를 이용하는 편이다.	①②③④⑤		
③ 여유가 없어도 운동은 반드시 한다.	①②③④⑤		
④ 운동회나 등산을 좋아하지 않는다.	①②③④⑤		

47

문항예시	응답 I	응답 II	
		기깝다	멀다
① 야망이 있는 편이라고 생각한다.	①②③④⑤		
② 일상의 여유로운 삶을 만끽하고 싶다.	①②③④⑤		
③ 현실과 타협한다고 느낄 때가 많다.	①②③④⑤		
④ 모두 버리고 떠나고 싶을 때가 있다.	①②③④⑤		

48

문항예시	응답 I	응답 II	
		가깝다	멀다
① 대인관계에서 공격적인 타입이라고 생각한다.	①②③④⑤		
② 자기 방어에 능한 편이다.	①②③④⑤		
③ 인간관계를 잘 하려면 손해볼 필요가 있다.	①②③④⑤		
④ 지인의 사소한 충고도 신경 쓰인다.	①②③④⑤		

49

문항예시	응답 I	응답 II	
		가깝다	멀다
① 유행에 둔감하다고 생각한다.	①②③④⑤		
② 상식이 풍부한 편이다.	①②③④⑤		
③ 다양한 화제를 두고 대화하는 것을 즐긴다.	①②③④⑤		
④ 내가 모르는 화제가 나오면 말을 아낀다.	①②③④⑤		

50

문항예시	응답 I	응답 II	
		가깝다	멀다
① 노력해도 결과가 따르지 않으면 의미가 없다.	①②③④⑤		
② 성과보다 최선을 다하는 태도가 더 중요하다.	①②③④⑤		
③ 매일 삶을 성공적으로 살기 위해 노력한다.	①②③④⑤		
④ 성공이라는 것은 사람마다 다르다고 생각한다.	①②③④⑤		

51

문항예시	응답 I	응답 II	
		가깝다	멀다
① 특별한 꿈이나 목표가 없다.	①②③④⑤		
② 성공을 위해 끊임없이 도전한다.	①②③④⑤		
③ 큰 업적, 목표보다 매일의 행복을 중요시한다.	①②③④⑤		
④ 모임의 회장에 어울리는 사람이라고 생각한다	①②③④⑤		

52

문항예시	응답 I	응답 II	
		가깝다	멀다
① 보다 새롭고 능률적인 업무방식을 추구한다.	①②③④⑤		
② 특별하지는 않지만 평범한 일상이 소중하다.	①②③④⑤		
③ 같은 사물, 사건을 다르게 보는 것을 즐긴다.	①②③④⑤		
④ 규정에 따라 움직이는 것이 좋다.	①②③④⑤		

53

문항예시	응답 I	응답 II	
		가깝다	멀다
① 영화를 보면 등장인물의 감정에 쉽게 이입된다.	①②③④⑤		
② 감성적 판단을 자제하는 편이다.	①②③④⑤		
③ 자신이 감성이 풍부한 사람이라고 생각한다.	①②③④⑤		
④ 자신에게 상처를 주는 사람이 너무 많다.	①②③④⑤		

54

문항예시	응답 I	응답 II	
		가깝다	멀다
① 매사에 이성적인 사고를 지향한다.	①②③④⑤		
② 냉철한 사람을 보면 거부감이 든다.	①②③④⑤		
③ 슬픔이나 감동으로 인해 눈물을 흘리기도 한다.	①②③④⑤		
④ 타인의 말이 마음에 남을 때가 많다.	①②③④⑤		

55

문항예시	응답 I	응답 II	
		가깝다	멀다
① 힘든 문제가 와도 불안을 거의 느끼지 않는다.	①②③④⑤		
② 어둡고 외진 곳은 항상 주의한다.	①②③④⑤		
③ 시간약속을 어기게 될까봐 불안한 적이 많다.	①②③④⑤		
④ 중요한 일은 밤을 새워서라도 준비한다.	①②③④⑤		

56

문항예시	응답 I	응답 II	
		가깝다	멀다
① 다른 사람의 말에 쉽게 상처받는 편이다.	①②③④⑤		
② 인간관계에 크게 신경 쓰지 않는 편이다.	①②③④⑤		
③ 친하게 지내는 사람에게만 신경 쓰는 편이다.	①②③④⑤		
④ 많은 사람이 날 좋아해줬으면 좋겠다.	①②③④⑤		

57

문항예시	응답 I	응답 II	
		가깝다	멀다
① 쉽게 낙심하는 편이다	①②③④⑤		
② 무기력해질 때도 많다.	①②③④⑤		
③ 자신이 활기차고 활동적이라고 느낄 때가 많다.	①②③④⑤		
④ 우울감에 빠지면 잘 빠져나오지 못한다.	①②③④⑤		

58

문항예시	응답 I	응답 II	
		가깝다	멀다
① 낙천적인 편이다.	①②③④⑤		
② 실패를 즐길 수 있다.	①②③④⑤		
③ 예전의 실수들이 떠올라 괴로울 때도 있다.	①②③④⑤		
④ 실패는 성공의 어머니라고 생각한다.	①②③④⑤		

59

문항예시	응답 I	응답 II	
		가깝다	멀다
① 자신이 영업에 적합한 타입이라고 생각한다.	①②③④⑤		
② 낯선 사람과의 대화에 능한 편이다.	①②③④⑤		
③ 대인관계에 부담을 느낄 때도 있다.	①②③④⑤		
④ 새로운 사람과 사귀는 것은 어려운 일이 아니다.	①②③④⑤		

60

문항예시	응답 I	응답 II	
		가깝다	멀다
① 자신이 동원그룹에 합격할 것이라고 생각한다.	① ② ③ ④ ⑤		
② 경쟁자들에 비해 많이 부족하다고 생각한다.	① ② ③ ④ ⑤		
③ 합격하지 못해도 좋은 경험이라고 생각한다.	① ② ③ ④ ⑤		
④ 현재에 최선을 다하고 싶다.	① ② ③ ④ ⑤		

61

문항예시	응답 I	응답 II	
		가깝다	멀다
① 시끄럽게 짓는 개에게는 폭력을 쓰고 싶다.	① ② ③ ④ ⑤		
② 무례한 사람을 보면 화가 날 때가 많다.	① ② ③ ④ ⑤		
③ 사소한 일로 지인들과 다투기도 한다.	① ② ③ ④ ⑤		
④ 상대방에 따라 화가 나도 참는다.	① ② ③ ④ ⑤		

62

문항예시	응답 I	응답 II	
		가깝다	멀다
① 살아오면서 언성을 크게 높인 적이 거의 없다.	① ② ③ ④ ⑤		
② 항상 조용한 편이다.	① ② ③ ④ ⑤		
③ 피곤할 때 가끔 주변 사람들에게 신경질을 낸다.	① ② ③ ④ ⑤		
④ 화가 나면 앞뒤 분간 없이 화를 내곤 한다.	① ② ③ ④ ⑤		

63

문항예시	응답 I	응답 II	
		가깝다	멀다
① 사이코패스 영화를 찾아보곤 한다.	① ② ③ ④ ⑤		
② 토막살인 등 잔인한 뉴스를 접해도 무감각하다.	① ② ③ ④ ⑤		
③ 가축은 직접 도살 수 있을 것 같다.	① ② ③ ④ ⑤		
④ 모든 범죄에는 이유가 있다고 생각한다.	① ② ③ ④ ⑤		

64

문항예시	응답 I	응답 II	
		가깝다	멀다
① 학창시절 늦잠을 자서 지각한 적이 많다.	①②③④⑤		
② 아침형 인간이라는 평을 듣는다.	①②③④⑤		
③ 부지런하다는 평을 자주 듣는다.	①②③④⑤		
④ 계획에 어긋나는 일을 하면 짜증이 난다.	①②③④⑤		

65

문항예시	응답 I	응답 II	
		가깝다	멀다
① 혼자 일하는 것이 같이하는 것보다 능률적이다.	①②③④⑤		
② 업무를 진행할 때 팀워크가 가장 중요하다.	①②③④⑤		
③ 동료와 함께 업무를 진행하는 것이 즐겁다.	①②③④⑤		
④ 아이디어 회의를 좋아하지 않는다.	①②③④⑤		

66

문항예시	응답 I	응답 II	
		가깝다	멀다
① 자주 샤워하는 편이다.	①②③④⑤		
② 잘 씻지 않는 사람을 보면 불쾌하다.	①②③④⑤		
③ 방 청소를 잘 하지 않는 편이다.	①②③④⑤		
④ 냄새에 민감한 편이다.	①②③④⑤		

67

문항예시	응답 I	응답 II	
		가깝다	멀다
① 자신을 험담하는 것을 들으면 참을 수 없다.	①②③④⑤		
② 타인의 평가에 그다지 민감하지 않다.	①②③④⑤		
③ 타인의 평가를 참고하여 발전할 것을 다짐한다.	①②③④⑤		
④ 잘못을 감추기 위해 거짓말을 할 수 있다.	①②③④⑤		

68

문항예시	응답 I	응답 II	
		가깝다	멀다
① 착한 사람이라는 말을 자주 듣는다.	①②③④⑤		
② 남에게 아쉬운 말을 잘 못한다.	①②③④⑤		
③ 당당한 사람을 부러워한다.	①②③④⑤		
④ 남들이 뭐라하든 내 갈길을 간다.	①②③④⑤		

69

문항예시	응답 I	응답 II	
		가깝다	멀다
① 한 번 화를 내면 기분이 쉽게 풀리지 않는다.	①②③④⑤		
② 음악을 들으면 쉽게 리듬에 취하는 편이다.	①②③④⑤		
③ 자신이 감정이 메마른 사람이라고 생각한다.	①②③④⑤		
④ 우울감에 빠질 때가 종종 있다.	①②③④⑤		

70

문항예시	응답 I	응답 II	
		가깝다	멀다
① 약속을 어기는 일은 절대로 있을 수가 없다.	①②③④⑤		
② 약속을 소홀히 하는 사람을 보면 화가 난다.	①②③④⑤		
③ 약속 시간 전에 약속장소에 도착한다.	①②③④⑤		
④ 의미 없이 시간이 지나갈 때 마음이 불편하다.	①②③④⑤		

71

문항예시	응답 I	응답 II	
		가깝다	멀다
① 한, 두 시간 공부로는 실력이 크게 늘지 않는다.	①②③④⑤		
② 단 5분의 시간이라도 발전적인 일을 한다.	①②③④⑤		
③ 재능보다 노력이 중요하다.	①②③④⑤		
④ 10~15분씩 쪽잠을 자는 것도 괜찮다.	①②③④⑤		

72

문항예시	응답 Ⅰ	응답 Ⅱ	
		가깝다	멀다
① 팀 과제의 결과가 나쁜 것은 자신의 잘못이다.	①②③④⑤		
② 자신을 책망할 때가 많다.	①②③④⑤		
③ 자신의 잘못을 반성하고 발전하기 위해 애쓴다.	①②③④⑤		
④ 어떤 상황에서든지 정직이 최선이다.	①②③④⑤		

73

문항예시	응답 Ⅰ	응답 Ⅱ	
		가깝다	멀다
① 다른 사람이 자신을 비난해도 기분 나쁘지 않다.	①②③④⑤		
② 타인의 평가에 민감한 편이다.	①②③④⑤		
③ 자신을 향한 비난도 참고한다.	①②③④⑤		
④ 자신을 위해 타인의 실수를 부풀릴 수 있다.	①②③④⑤		

74

문항예시	응답 Ⅰ	응답 Ⅱ	
		가깝다	멀다
① 과거에 공부를 열심히 하지 못한 것이 아쉽다.	①②③④⑤		
② 실수를 해서 잠을 제대로 자지 못한 적이 많다.	①②③④⑤		
③ 큰 실수나 아픔도 쉽게 잊는 편이다.	①②③④⑤		
④ 과거보다 현재에 충실한 삶을 살고 싶다.	①②③④⑤		

75

문항예시	응답 Ⅰ	응답 Ⅱ	
		가깝다	멀다
① 자신과의 약속을 쉽게 어긴다.	①②③④⑤		
② 목표를 정하고 끈기 있게 노력하는 편이다.	①②③④⑤		
③ 꾸준히 노력하는 삶을 지향한다.	①②③④⑤		
④ 승부근성이 강한 편이다.	①②③④⑤		

76

문항예시	응답 Ⅰ	응답 Ⅱ	
		가깝다	멀다
① 작은 일이라도 쉽게 결정하는 것은 어리석다.	①②③④⑤		
② 타인의 의견에서 중요한 힌트를 자주 얻는다.	①②③④⑤		
③ 타인의 의견에 의해 결정이 바뀌는 경우가 많다.	①②③④⑤		
④ 모두 찬성해도 자신만 반대 의견을 낼 수 있다.	①②③④⑤		

77

문항예시	응답 Ⅰ	응답 Ⅱ	
		가깝다	멀다
① 자신의 생각과 행동을 신뢰하는 편이다.	①②③④⑤		
② 반대의견은 참고의 대상일 뿐이다.	①②③④⑤		
③ 자신이 추진한 일의 결과가 만족스러운 편이다.	①②③④⑤		
④ 상황에 따라서 적당한 거짓말도 필요하다.	①②③④⑤		

78

문항예시	응답 Ⅰ	응답 Ⅱ	
		가깝다	멀다
① 운동을 즐기는 편이다.	①②③④⑤		
② 땀 흘리는 것을 싫어한다.	①②③④⑤		
③ 몸보다 머리를 쓰는 활동을 주로 하고 싶다.	①②③④⑤		
④ 학생 때는 운동회를 손꼽아 기다렸다.	①②③④⑤		

79

문항예시	응답 Ⅰ	응답 Ⅱ	
		기깝디	멀디
① 순간 떠오르는 아이디어를 자주 활용한다.	①②③④⑤		
② 객관적 분석 없이 일을 진행하는 것은 어리석다.	①②③④⑤		
③ 주관적인 판단을 절대 신뢰하지 않는다.	①②③④⑤		
④ 잘못을 감추기 위해 거짓말을 할 수 있다.	①②③④⑤		

80

문항예시	응답 I	응답 II	
		가깝다	멀다
① 상상력과 호기심이 많은 편이다.	①②③④⑤		
② 판타지 영화, 가상의 세계가 매우 흥미롭다.	①②③④⑤		
③ 비현실적인 것에 시간을 허비하지 않는다.	①②③④⑤		
④ 외계인은 허무맹랑한 소리라고 생각한다.	①②③④⑤		

81

문항예시	응답 I	응답 II	
		가깝다	멀다
① 논쟁할 때 자신보다 타인의 주장에 신경 쓴다.	①②③④⑤		
② 논쟁할 때 상대방의 입장을 이해하려고 애쓴다.	①②③④⑤		
③ 자신의 주장을 확실하게 드러내는 편이다.	①②③④⑤		
④ 자신의 목소리를 크게 내는 것은 좋지 않다.	①②③④⑤		

82

문항예시	응답 I	응답 II	
		가깝다	멀다
① 지저분한 책상에서는 공부가 안 된다.	①②③④⑤		
② 자신의 방의 물건은 항상 제자리에 있어야 한다.	①②③④⑤		
③ 청결에 항상 신경 쓰는 편이다.	①②③④⑤		
④ 너무 깔끔하게 살 필요는 없다고 생각한다.	①②③④⑤		

83

문항예시	응답 I	응답 II	
		가깝다	멀다
① 자신이 하찮게 느껴질 때가 많다.	①②③④⑤		
② 자신이 자랑스러운 적이 많다.	①②③④⑤		
③ 다른 사람들에게 인정받고 있다.	①②③④⑤		
④ 완벽한 일처리를 위해 노력한다.	①②③④⑤		

84

문항예시	응답 I	응답 II	
		가깝다	멀다
① 입사시험을 제대로 치를 수 있을 지 걱정된다.	①②③④⑤		
② 입사 후에 제대로 적응할 수 있을지 걱정된다.	①②③④⑤		
③ 지금 마음이 편안하다.	①②③④⑤		
④ 합격, 불합격을 떠나서 최선을 다하고 싶다.	①②③④⑤		

85

문항예시	응답 I	응답 II	
		가깝다	멀다
① 창의적인 분야에 도전해 보고 싶다.	①②③④⑤		
② 창조성이 떨어지는 편이다.	①②③④⑤		
③ 기발한 아이디어가 종종 떠오른다.	①②③④⑤		
④ 형식적인 틀에 맞추는 것을 좋아한다.	①②③④⑤		

86

문항예시	응답 I	응답 II	
		가깝다	멀다
① 정형화된 업무방식을 선호한다.	①②③④⑤		
② 창의와 혁신은 위험이 많이 따른다고 생각한다.	①②③④⑤		
③ 안정적인 삶을 선호한다.	①②③④⑤		
④ 보수보단 진보라고 생각한다.	①②③④⑤		

87

문항예시	응답 I	응답 II	
		가깝다	멀다
① 친구들에게 모욕을 당하면 화가 난다.	①②③④⑤		
② 남이 자신에게 화를 낼 수도 있다고 생각한다.	①②③④⑤		
③ 비난받지 않도록 무슨 일이든 잘 할 것이다.	①②③④⑤		
④ 나를 싫어하는 사람은 한 명도 있으면 안 된다.	①②③④⑤		

88

문항예시	응답 I	응답 II	
		가깝다	멀다
① 나에게 꼭 필요한 사람들만 만나고 싶다.	①②③④⑤		
② 모든 사람에게 잘할 필요는 없다.	①②③④⑤		
③ 폭넓은 인간관계를 가지는 것이 중요하다.	①②③④⑤		
④ 팀워크보다 개개인의 능력 발휘가 더 중요하다.	①②③④⑤		

89

문항예시	응답 I	응답 II	
		가깝다	멀다
① 절제력이 약한 편이다.	①②③④⑤		
② 자기 컨트롤에 능한 편이다.	①②③④⑤		
③ 재미있는 일에 몰두하느라 시간가는 줄 모른다.	①②③④⑤		
④ 엉덩이가 무겁다는 말을 종종 듣는다.	①②③④⑤		

90

문항예시	응답 I	응답 II	
		가깝다	멀다
① 인정받기 위해 애쓴다.	①②③④⑤		
② 자신의 능력을 타인에게 보여주고 싶다.	①②③④⑤		
③ 자신의 약한 모습을 절대 들키고 싶지 않다.	①②③④⑤		
④ 어떤 일을 완벽하게 처리하는 것은 불가능하다.	①②③④⑤		

91

문항예시	응답 I	응답 II	
		가깝다	멀다
① 공부든, 일이든 노력한 만큼 보상받지 못했다.	①②③④⑤		
② 노력한 만큼 그 결과가 반드시 따라왔다.	①②③④⑤		
③ 인생은 불공평하다.	①②③④⑤		
④ 개천에서 용이 나는 시대는 지났다고 생각한다.	①②③④⑤		

92

문항예시	응답 I	응답 II	
		가깝다	멀다
① 이성 교제 경험이 많은 편이다.	①②③④⑤		
② 한 이성을 오랫동안 사귀는 편이다.	①②③④⑤		
③ 이성과의 교제에 별로 관심이 없다.	①②③④⑤		
④ 많은 사람을 만나봐야 한다고 생각한다.	①②③④⑤		

93

문항예시	응답 I	응답 II	
		가깝다	멀다
① 자신이 혼자라서 외롭다고 느낄 때가 있다.	①②③④⑤		
② 죽음을 생각한 적이 있다.	①②③④⑤		
③ 매순간의 삶이 즐겁고 소중하다.	①②③④⑤		
④ 뛰어내리고 싶다는 생각을 자주 한다.	①②③④⑤		

94

문항예시	응답 I	응답 II	
		가깝다	멀다
① 기분이 가라앉을 때가 많다.	①②③④⑤		
② 현실은 죽음과 고통이 많은 슬픈 곳이다.	①②③④⑤		
③ 삶이 힘들다고 느낄 때가 많다.	①②③④⑤		
④ 유체이탈을 경험해본 적이 있다.	①②③④⑤		

95

문항예시	응답 I	응답 II	
		기깝디	멀디
① 강요당하는 것을 싫어한다.	①②③④⑤		
② 관습을 타파해야 발전할 수 있다.	①②③④⑤		
③ 비합리적이라도 공동체의 규칙을 존중한다.	①②③④⑤		
④ 무슨 일이든 융통성이 있어야 한다.	①②③④⑤		

96

문항예시	응답 I	응답 II	
		가깝다	멀다
① 우연은 없다고 생각한다.	①②③④⑤		
② 보이지 않는 힘이 자신의 인생을 좌우한다.	①②③④⑤		
③ 자신의 인생을 스스로 개척해왔다.	①②③④⑤		
④ 쉽게 결정해버리면 실패할 것이다.	①②③④⑤		

97

문항예시	응답 I	응답 II	
		가깝다	멀다
① 자신의 종교사상이 진리라고 생각한다.	①②③④⑤		
② 타인의 종교에 대해서 배타적인 편이다.	①②③④⑤		
③ 모든 종교는 허구라고 생각한다.	①②③④⑤		
④ 사후세계는 없다고 생각한다.	①②③④⑤		

98

문항예시	응답 I	응답 II	
		가깝다	멀다
① 보이지 않는 것은 믿을 수 없다.	①②③④⑤		
② 합리적인 이성에 의해 세상은 모두 설명된다.	①②③④⑤		
③ 인간의 능력으로 알 수 없는 것이 많다.	①②③④⑤		
④ 귀신은 있다고 생각한다.	①②③④⑤		

99

문항예시	응답 I	응답 II	
		가깝다	멀다
① 이유 없이 자신을 때린다면 즉시 반격할 것이다.	①②③④⑤		
② 자신이 타인에게 공격당해도 참는다.	①②③④⑤		
③ 타인에게 공격당한다면 후에 되돌려 줄 것이다.	①②③④⑤		
④ 약육강식의 법칙이 세상을 지배한다고 생각한다.	①②③④⑤		

100

문항예시	응답 I	응답 II	
		가깝다	멀다
① 주위의 모든 학생이 경쟁자였다.	①②③④⑤		
② 자기 자신과의 싸움을 즐긴다.	①②③④⑤		
③ 특별히 누구를 경쟁상대로 생각한 적이 없다.	①②③④⑤		
④ 성공에 매달리는 것은 어리석은 삶이다.	①②③④⑤		

PART

III

기초적성검사

01 언어능력

출제방향

언어능력은 총 20문항을 20분에 걸쳐서 진행한다. 문제 출제 유형은 주로 어휘의 의미 파악과 글의 내용 추론 유형으로, 평소에 자주 사용하면서도 정확한 의미를 알지 못하던 어휘들에 대한 학습과 지문을 읽고 글에 내용을 논리적으로 이해·추론하는 능력이 요구된다. 지문이 길지는 않은 편이지만, 한 문제당 주어진 시간이 짧아 독해 능력이 부족하다고 생각되는 학습자라면 충분한 연습이 필요하다.

┃1~5┃ 다음 글을 읽고 밑줄 친 ㉠과 ㉡의 관계와 가장 가까운 것을 고르시오.

1

언어가 되는 소리는 ㉠<u>자음</u>과 ㉡<u>모음</u>으로 분석할 수 있다. '가을'이라는 소리덩어리는 두 개의 자음과 두 개의 모음으로 분석할 수 있다는 점을 들어 언어 기호의 분절적 성격을 설명할 수 있다. 이 경우 '을'의 'ㅇ'은 아무런 소리 값도 없는 단순한 글자에 지나지 않는다. 즉 의미를 가진 언어형식들은 모두 소리와 의미의 이원적 구조로 이루어져 있고, 그 소리(형식)와 의미(내용)의 관계는 필연적인 것이 아니다. 이런 언어 기호의 성격을 자의성(恣意性)이라고 한다.

① 정신 : 육체　　　　　　　　② 물 : 물컵

③ 원인 : 결과　　　　　　　　④ 학문 : 철학

 자음과 모음은 소리를 구성하는 요소로서 대등한 관계이다. 인간은 서로 대등한 실체인 정신과 육체로 구성되어 있다.

2

  2004년 여름, 멕시코 만에서 세력을 일으킨 ㉠<u>허리케인</u>이 플로리다를 휩쓸고 대서양으로 빠져나갔다. 그 결과 22명이 목숨을 잃고 110억 달러에 이르는 손실이 발생했다. 뒤이어 ㉡<u>가격 폭리 논쟁</u>이 불붙었다. 올랜도에 있는 어느 주유소는 평소에 2달러 하던 얼음주머니를 10달러에 팔았다. 전력 부족으로 8월 한여름에 냉장고나 에어컨을 사용하지 못하던 사람들은 어쩔 수 없이 그 값을 고스란히 지불해야만 했다. 가정용 소형 발전기를 취급하는 상점에서는 평소 250달러 하던 발전기를 2000달러에 팔았다. 또한 일흔일곱의 할머니는 나이 든 남편과 장애가 있는 딸을 데리고 허리케인을 피해서 모텔에서 묵었다가 하루 방값으로 160달러를 지불했다. 평소 요금은 40달러였다.

① 시험 : 점수   ② 야식 : 비만

③ 자연 : 보호   ④ 전쟁 : 평화

 허리케인 발생으로 인한 피해가 원인이 되어 가격 폭리 논쟁이라는 결과를 가져왔다. 야식은 비만의 원인이 된다.

3

  좌절과 상실을 당하여 상대방에 대하여 외향적 공격성을 보이는 원(怨)과 무력한 자아를 되돌아보고 자책하고 한탄하는 내향적 공격성인 탄(嘆)이 한국의 고유한 정서인 한(恨)의 기점이 되고 있다. 이러한 것들은 체념의 정서를 유발할 수 있다. 이른바 한국적 한에서 흔히 볼 수 있는 소극적, 퇴영적인 자폐성과 ㉠<u>허무주의</u>, 패배주의 등은 이러한 체념적 정서의 부정적 측면이다. 그러나 체념에 부정적인 것만 있는 것은 아니다. 오히려 체념에 철저함으로써 ㉡<u>달관</u>의 경지에 나아갈 수 있다. 세상의 근원을 바라볼 수 있는 관조의 눈이 열리게 되는 것이다.

① 보호 : 보존   ② 자유 : 방종

③ 입법 : 사법   ④ 원인 : 근거

 허무주의는 체념의 부정적 측면이고 달관은 체념의 긍정적 측면이다. 즉, 서로 상반되는 관계에 있다고 볼 수 있다. 자유는 기본적으로 긍정적인 의미를 갖지만, 책임과 의무가 따르지 않는 자유는 자칫 방종이라는 부정적 결과를 가져올 수 있다.

Answer↱ 1.① 2.② 3.②

4

　　㉠한국 민요가 슬픈 노래라고 하는 것은 민요를 면밀하게 관찰하고 분석하여 내린 결론은 아니다. 겉으로 보아서는 슬프지만 슬픔과 함께 해학을 가지고 있어서 민요에서의 해학은 향유자들이 슬픔에 빠져 들어가지 않도록 차단하는 구실을 하고 있다. 예컨대 "나를 버리고 가시는 임은 십 리도 못 가서 발병 났네."라고 하는 ㉡아리랑 사설 같은 것은 이별의 슬픔을 말하면서도 "십 리도 못 가서 발병 났네."라는 해학적 표현을 삽입하여 이별의 슬픔을 차단하며 단순한 슬픔에 머무르지 않는 보다 복잡한 의미 구조를 창조한다.

① 한국 : 한반도　　　　　　② 남한 : 북한

② 한복 : 양복　　　　　　　④ 한식 : 김치

 　아리랑은 한국 민요의 대표적인 하나이다. 한식의 대표적인 것으로 김치가 있다.

5

　　심장은 심방과 심실이라는 네 개의 작은 방으로 나누어져 있다. 오른쪽 심실에서 나온 혈액은 허파를 지나 산소가 풍부한 혈액으로 바뀌어 왼쪽 심방으로 돌아온다. 이렇게 들어온 혈액은 왼쪽 심실의 펌프질을 통해 온몸으로 퍼지게 되는데, 오른쪽 심방 벽에 주기 조정자가 있다. 이곳에서 전기파를 방출하면 이로 인해 심장의 근육들은 하나의 박자에 맞춰 ㉠수축과 ㉡이완을 반복함으로써 펌프질을 하게 되는 것이다.

① 동물 : 사슴　　　　　　　② 서론 : 본론

③ 압축 : 복원　　　　　　　④ 은총 : 총애

 　'수축'은 '근육 따위가 오그라듦.'이라는 뜻이고, '이완'은 '굳어서 뻣뻣하게 된 근육 따위가 원래의 상태로 풀어짐.'이라는 뜻이다. 따라서 두 단어는 서로 대조의 의미 관계에 있다. 이와 같이 상반된 의미를 가진 단어로는 '압축'과 '복원'이 있다. '압축'은 '물질 따위에 압력을 가하여 그 부피를 줄임.'이라는 뜻이고, '복원'은 '원래대로 회복함.'이라는 뜻으로 의미상 대조 관계를 이룬다. ①은 상하 관계, ④는 유의 관계의 단어들이다.

▌6~10 ▌ 다음 중 밑줄 친 단어의 의미로 적절한 것을 고르시오.

6

> 　　내가 생각하기에 옛날에는 붕당을 혁파하는 것이 불가능했다. 왜 그러한가? 그때는 군자는 군자와 더불어 진붕(眞朋)을 이루고 소인은 소인끼리 무리지어 위붕(僞朋)을 이루었다. 만약 현부(賢否), 충사(忠邪)를 살피지 않고 오직 붕당을 제거하기에 힘쓴다면 교활한 소인의 당이 뜻을 펴기 쉽고 정도(正道)로 처신하는 군자의 당은 오히려 해를 입기 마련이었다. 이에 구양수는 「붕당론」을 지어 신하들이 붕당을 이루는 것을 싫어하는 임금의 마음을 경계하였고, 주자는 사류(士類)를 고르게 보합하자는 범순인의 주장을 비판하였다. 이들은 붕당이란 것은 어느 시대에나 있는 것이니, 붕당이 있는 것을 <u>염려할</u> 것이 아니라 임금이 군자당과 소인당을 가려내는 안목을 지니는 것이 관건이라고 하였다. 군자당의 성세를 유지시킨다면 정치는 저절로 바르게 되기 때문이다. 이것이 옛날에는 붕당을 없앨 수 없었던 이유이다.
>
> 　　그러나 지금 붕당을 만드는 것은 군자나 소인이 아니다. 의논이 갈리고 의견을 달리하여 저편이 저쪽의 시비를 드러내면 이편 또한 이쪽의 시비로 대응한다. 저편에 군자와 소인이 있으면 이편에도 군자와 소인이 있다. 따라서 붕당을 그대로 둔다면 군자를 모을 수 없고 소인을 교화시킬 수 없다. 이제는 붕당이 아닌 재능에 따라 인재를 등용하는 정책을 널리 펴야 한다. 그런 까닭에 영조대왕은 황극을 세워 탕평정책을 편 것을 50년 재위 기간의 가장 큰 치적으로 삼았다.

① 사물을 보고 분별하는 견식
② 앞일에 대하여 여러 가지로 마음을 써서 걱정함
③ 잘 다스린 공적 또는 정치상의 업적
④ 행실이 점잖고 어질며 덕과 학식이 높은 사람

② 염려(念慮)
① 안목(眼目)
③ 치적(治績)
④ 군자(君子)

7

디지털 연산은 회로의 동작으로 표현되는 논리적 연산에 의해 진행되며 아날로그 연산은 소자의 물리적 특성에 의해 진행된다. 하지만 디지털 연산의 정밀도는 정보의 연산 과정에서 최종적으로 정보를 출력할 때 필요한 것보다 항상 같거나 높게 유지해야 하므로 동일한 양의 연산을 처리해야 하는 경우라면 디지털 방식이 아날로그 방식에 비해 훨씬 더 많은 소자를 필요로 한다. 아날로그 연산에서는 회로를 구성하는 소자 자체가 연산자이므로 온도 변화에 따르는 소자 특성의 변화, 소자 간의 특성 균질성, 전원 잡음 등의 외적 요인들에 의해 연산 결과가 크게 달라질 수 있다. 그러나 디지털 연산에서는 회로의 동작이 0과 1을 구별할 정도의 정밀도만 유지하면 되므로 회로를 구성하는 소자 자체의 특성 변화에 거의 영향을 받지 않는다. 또한 상대적으로 쉽게 변경 가능하고 프로그램하기 편리한 점도 있다.

사람의 눈이나 귀 같은 감각기관은 아날로그 연산에 바탕을 둔 정보 처리 조직을 가지고 있지만 이로부터 발생되는 정보는 디지털 정보이다. 감각기관에 분포하는 수용기는 특별한 목적을 가지는 아날로그−디지털 변환기로 볼 수 있는데, 이것은 전달되는 입력의 특정 패턴을 감지하여, 디지털 신호와 유사한 부호를 발생시킨다. 이 신호는 다음 단계의 신경세포에 입력되고, 이 과정이 거미줄처럼 연결된 무수히 많은 신경세포의 연결 구조 속에서 반복되면서 뇌의 다양한 인지 활동을 형성한다. 사람의 감각기관에서 일어나는 아날로그 연산은 감각되는 많은 양의 정보 중에서 필요한 정보만을 걸러 주는 역할을 한다. 그렇기 때문에 실제 신경세포를 통해 뇌에 전달되는 것은 지각에 꼭 필요한 내용만이 축약된 디지털 정보이다. 사람의 감각은 감각기관의 노화 등으로 인한 생체 조직 구조의 변화에 따라 <u>둔화</u>될 수 있다. 그럼에도 불구하고 노화된 사람의 감각기관은 여전히 아날로그 연산이 가지는 높은 에너지 효율을 얻을 수 있다.

① 느리고 무디어짐

② 느끼어 앎

③ 일정한 뜻을 나타내기 위하여 따로 정하여 쓰는 기호

④ 지시, 명령, 물품 따위를 다른 사람이나 기관에 전하여 이르게 함

 (Tip)
　　① 둔화(鈍化)
　　② 감지(感知)
　　③ 부호(符號)
　　④ 전달(傳達)

8

> 물리학의 근본 법칙들은 실재 세계의 사실들을 정확하게 기술하는가? 이 질문에 확신을 가지고 그렇다고 대답할 사람은 많지 않을 것이다. 사실 다양한 물리 현상들을 설명하는 데 사용되는 물리학의 근본 법칙들은 모두 이상적인 상황만을 다루고 있는 것 같다. 정말로 물리학의 근본 법칙들이 이상적인 상황만을 다루고 있다면 이 법칙들이 실재 세계의 사실들을 정확히 기술한다는 생각에는 문제가 있는 듯하다.
>
> 가령 중력의 법칙을 생각해 보자. 중력의 법칙은 "두 개의 물체가 그들 사이의 거리의 제곱에 반비례하고 그 둘의 질량의 곱에 비례하는 힘으로 서로 당긴다."는 것이다. 이 법칙은 두 물체의 운동을 정확하게 설명할 수 있는가 그렇지 않다는 것은 분명하다. 만약 어떤 물체가 질량뿐만이 아니라 전하를 가지고 있다면 그 물체들 사이에 작용하는 힘은 중력의 법칙만으로 계산된 것과 다를 것이다. 즉 위의 중력의 법칙은 전하를 가지고 있는 물체의 운동을 설명하지 못한다.

① 어떠한 현상을 일으키거나 영향을 미침

② 대상이나 과정의 내용과 특징을 있는 그대로 열거하거나 기록하여 서술함

③ 물체의 고유한 역학적 기본량

④ 틀림없이 확실하게

 ③ 질량(質量)
　　　① 작용(作用)
　　　② 기술(記述)
　　　④ 분명(分明)

9

> 유클리드 기하학에서 공리들은 직관적으로 자명하여 증명을 필요로 하지 않는다. 그리고 공리들로부터 연역적으로 증명된 정리는 감각 경험의 지지를 필요로 하지 않는다. 그러므로 유클리드 기하학의 지식은 철저하게 선험적이다. 플라톤은 이에 관해 탁월한 논의를 전개했다. 그는 기하학적 <u>진리</u>에 관한 우리의 지식이 감각 경험으로부터 얻은 증거에 근거할 수 없다고 주장했다. 감각 경험을 통해서는 기하학적 도형인 점, 직선 또는 정삼각형을 접할 수 없기 때문이다. 점이란 위치만 있고 면적이 없기에 보이지 않는다. 또한 직선이란 폭이 없고 절대적으로 곧아야 하는데 우리가 종이 위에서 보는 직선은 언제나 어느 정도 폭이 있고 또 항상 조금은 구부러져 있다. 마찬가지로 종이 위의 정삼각형도 아무리 뛰어난 제도사가 그려 놓아도 세 변의 길이가 완전히 동등하지는 않다.

① 참된 이치 또는 참된 도리
② 꺾이거나 굽은 데가 없는 곧은 선
③ 등급이나 정도가 같음
④ 자기의 의견이나 주의를 굳게 내세움

 ① 진리(眞理)
　　　　② 직선(直線)
　　　　③ 동등(同等)
　　　　④ 주장(主張)

10

남병철이 편찬한 20여 편의 천문역산서(天文曆算書)는 천문학 연구의 대미를 장식하는 것으로 조선 전통 과학의 마지막 성과라는 의미를 지닌다. 이것은 18세기 중국에서 확립된 실증주의 천문역산학의 패러다임에서 크게 벗어난 것은 아니었지만, 중화주의적 시각을 그대로 인정한 것도 아니었다. 남병철은 천문역산학을 도가적 상수역학과 분리해 인식했고 서양 과학이 중국에서 원류했다는 주장도 인정하지 않았다. 서양 과학의 중국 원류설과 상수역학은 19세기 조선 지식인 대부분이 수용한 것이었지만 그의 주장은 그러한 과학 담론에서 벗어나 있었다.

최한기는 서양 과학을 적극 수용했지만 그의 과학 이론은 17세기 중국 지식인이 서양 천문학 지식을 전통적 기(氣)의 메커니즘으로 해석했던 것과 크게 다르지 않다. 다른 점이 있다면, 중국 지식인이 서양 과학을 혼란스럽고 모순된 지식으로 인식한 반면 최한기는 서양 과학을 활용하여 천문학을 완성하고자 한 점이다. 17세기 중국 지식인들은 서양 과학이 현상의 원리를 살피는 데 약한데 자신들이 그러한 원리를 밝혔다며 대단한 자부심을 가졌다. 최한기 또한 자신의 기론이 서양 과학이 풀지 못한 원리를 밝혔다고 자부하면서, 영국 천문학자 허셜이 쓴 담천(談天)이 우주 현상을 잘 설명하고 있지만 유독 우주 공간의 충만한 신기(神氣)가 운화(運化)하는 깊은 이치를 밝히지 못했다며 서양 과학의 한계를 비판했다.

17세기 중국 지식인들의 기론적 자연 이해의 패러다임은 18세기 실증주의 천문역산학이 중국에서 정식화된 이후 역사에서 사라졌다. 이에 비해 19세기 중엽 최한기는 전통적 천문역산학을 기론적 과학 담론으로 부활시키는 새로운 시도를 단행했다.

① 사리를 분별하여 해석함
② 이야기를 주고받으며 논의함
③ 인간이 지각할 수 있는, 사물의 모양과 상태
④ 어떤 일의 맨 마지막

 ④ 대미(大尾)
　　　① 이해(理解)
　　　② 담론(談論)
　　　③ 현상(現象)

│11~15│ 다음 문장들을 순서에 맞게 배열한 것을 고르시오.

11

> (개) 이 지역에서 수렵 생활을 하던 이들은 세 가지 서로 다른 길을 걸었다.
>
> (내) 첫째 집단은 그대로 머물러 생활양식을 유지하며 겨우 생존만 하다가 멸망의 길로 들어섰다.
>
> (대) 빙하기가 끝나고 나서 세계 여러 지역의 기후는 크게 달라졌다. 서남아시아 일부 초원 지역의 경우는 급속히 사막화가 진행되었다.
>
> (래) 다음 집단은 다른 지역인 티그리스, 유프라테스 강 유역으로 이주한 다음, 농경 생활을 선택하여 새로운 고대 문명을 일구고 이어지는 문제들도 성공적으로 해결해 나갔다.
>
> (매) 또 다른 집단은 생활양식만을 변경하여 그 지역에서 유목생활을 하였다. 이들은 문명 단계에는 들어갔으나 더 이상의 발전이 없이 정체되고 말았다.

① (개) - (대) - (내) - (매) - (래)　　　② (개) - (대) - (래) - (내) - (매)

③ (대) - (개) - (내) - (매) - (래)　　　④ (대) - (개) - (매) - (내) - (래)

> (대) 빙하기 이후 사막화
> (개) 수렵 생활을 하던 이들의 세 가지 길
> (내) 첫 번째 집단 : 생활양식을 유지하여 멸망
> (매) 두 번째 집단 : 생활양식만 변경, 그 지역에서 유목생활을 하여 정체
> (래) 세 번째 집단 : 다른 지역으로 이주, 농경생활 선택하여 문명을 일굼

12

> (개) 이보다 발달된 차원의 경험적 방법은 관찰이며, 지식을 얻기 위해 외부 자연 세계를 관찰하는 것이다.
>
> (내) 가장 발달된 것은 실험이며 자연 세계에 변형을 가하거나 제한된 조건하에서 살펴보는 것이다.
>
> (대) 우선 가장 초보적인 차원이 일상 경험이다.
>
> (래) 자연과학의 경험적 방법은 세 가지 차원에서 생각해볼 수 있다.

① (개) - (래) - (내) - (대)　　　② (개) - (내) - (래) - (대)

③ (래) - (대) - (내) - (개)　　　④ (래) - (대) - (개) - (내)

> (래) 자연 과학의 경험적 방법에는 세 가지 차원이 있다고 전제하고, (대) 가장 초보적인 차원 (일상경험) → (개) 이보다 발달된 차원(관찰) → (내) 가장 발달된 차원(실험)으로 설명이 전개되고 있다.

13

> (가) 국민들의 지식과 정보의 빠른 변화에 적응해야 국가 경쟁력도 확보될 수 있는 것이다.
>
> (나) 그러나 평균 수명이 길어지고 사회가 지식 기반 사회로 변모해감에 따라 평생 교육의 필요성이 날로 높아지고 있다.
>
> (다) 현재 우리나라의 교육열이 높다는 것은 학교 교육에 한할 뿐이고 그마저 대학 입학을 위한 것이 거의 전부이다.
>
> (라) 더구나 산업 분야의 구조 조정이 빈번한 이 시대에는 재취업 훈련이 매우 긴요하다.

① (가) - (나) - (라) - (다)　　　② (가) - (라) - (나) - (다)

③ (다) - (나) - (라) - (가)　　　④ (다) - (라) - (나) - (가)

 가장 먼저 (다)에서 우리나라의 교육 현실이 전제되고, (나)에서 시대의 변화에 따른 평생 교육의 필요성이 제기되었다. (라)에서는 평생교육 중에서도 재취업 훈련의 필요성을 강조하였고, (가)에서 평생 교육을 통해 국가경쟁력을 확보할 수 있다는 말로 평생 교육의 중요성이라는 주제를 드러내고 있다.

14

> (가) 그런데 출력을 높이려면 엔진이 커져야 하고, 그에 따라 엔진은 무거워진다.
>
> (나) 기술적 모순이란 두 개의 기술적 변수의 값이 서로 충돌하는 것이다.
>
> (다) 결국 출력이 높은 엔진을 장착하면 비행기의 무게가 증가하여 속도는 떨어지게 된다.
>
> (라) 가령 비행기의 속도를 높이려면 출력이 높은 엔진을 장착해야 한다.
>
> (마) 그렇다고 가벼운 엔진을 장착하면 출력의 한계 때문에 속도를 증가시키기 어렵다.

① (나) - (가) - (마) - (다) - (라)　　　② (나) - (다) - (마) - (라) - (가)

③ (나) - (라) - (마) - (가) - (다)　　　④ (나) - (라) - (가) - (다) - (마)

 (나) 기술적 모순의 정의
(라)(가)(다)(마) 기술적 모순의 예

15

> (가) 가야금이 깨끗하고 맑은 소리를 내기 위해서는 공명판이 될 만한 좋은 나무를 골라 오랜 기간 잘 건조시켜야 하고, 줄과 안족도 좋은 재료를 골라 잘 손질해야 합니다.
> (나) 이 모든 과정에 만드는 사람의 정성과 노력이 들어가야 소리가 맑고 선명하게 울리는 명품이 탄생하게 됩니다.
> (다) 가야금은 공명판, 줄, 안족(雁足) 등으로 이루어져 있습니다.
> (라) 다음으로는 가야금에서 이들 각 부분들이 잘 어우러지도록 자기 자리를 잡아주는 것이 중요합니다.

① (다) – (가) – (라) – (나)
② (가) – (다) – (나) – (라)
③ (다) – (나) – (가) – (라)
④ (가) – (나) – (다) – (라)

 (다) 가야금의 구조 설명
(가) 가야금의 깨끗하고 맑은 소리를 위해 필요한 좋은 재료
(라) 자기 자리를 잡아주는 것 중요
(나) 모든 과정에 정성과 노력이 필요

16

> 유명인의 이미지가 여러 상품으로 분산되면 광고 모델과 상품 간의 결합력이 약해질 것이다. 이는 유명인 광고 모델의 긍정적인 이미지를 광고 상품에 전이하여 얻을 수 있는 광고 효과를 기대하기 어렵게 만든다.

> 유명인의 중복 출연은 과연 높은 광고 효과를 보장할 수 있을까? 유명인이 중복 출연하는 광고의 효과를 점검해 볼 필요가 있다. 어떤 모델이든지 상품의 특성에 적합한 이미지를 갖는 인물이어야 광고 효과가 제대로 나타날 수 있다. (가) 유명인의 중복 출연이 소비자가 모델을 상품과 연결시켜 기억하기 어렵게 한다는 점도 광고 효과에 부정적인 영향을 미친다. (나) 또한 유명인의 중복 출연 광고는 광고 메시지에 대한 신뢰를 얻기 힘들다. (다) 유명인 모델의 광고 효과를 높이기 위해서는 유명인이 자신과 잘 어울리는 한 상품의 광고에만 지속적으로 나오는 것이 좋다. (라) 여러 광고에 중복 출연하는 유명인이 많아질수록 외견상으로는 중복 출연이 광고 매출을 증대시켜 광고 산업이 활성화되는 것으로 보일 수 있다. 하지만 모델의 중복 출연으로 광고 효과가 제대로 나타나지 않으면 광고비가 과다 지출되어 결국 광고주와 소비자의 경제적인 부담으로 이어진다. 유명인을 비롯한 광고 모델의 적절한 선정이 요구되는 이유가 여기에 있다.

① (가) ② (나)

③ (다) ④ (라)

 (Tip) 주어진 지문은 유명인의 중복 출연으로 모델과 상품을 연결시켜 기억하기 어려워지기 때문에 광고 효과가 온전하지 못하다는 것을 부연설명 하고 있으므로 (나)의 위치에 들어가는 것이 적절하다.

17

신체적인 측면에서 보면 잠든다는 것은 평온하고 안락한 자궁(子宮) 안의 시절로 돌아가는 것과 다름이 없다.

우리는 매일 밤 자신의 피부를 감싸고 있던 덮개(옷)들을 벗어 벽에 걸어 둘 뿐 아니라, 신체 기관을 보조하기 위해 사용하던 여러 도구를, 예를 들면 안경이나 가발, 의치 등도 모두 벗어 버리고 잠에 든다. ㈎ 여기에서 한 걸음 더 나아가면, 우리는 잠을 잘 때 옷을 벗는 행위와 비슷하게 자신의 의식도 벗어서 한쪽 구석에 치워 둔다고 할 수 있다. ㈏ 두 경우 모두 우리는 삶을 처음 시작할 때와 아주 비슷한 상황으로 돌아가는 셈이 된다. ㈐ 실제로 많은 사람들은 잠을 잘 때 태아와 같은 자세를 취한다. 마찬가지로 잠자는 사람의 정신 상태를 보면 의식의 세계에서 거의 완전히 물러나 있으며, 외부에 대한 관심도 정지되는 것으로 보인다. ㈑

① ㈎   ② ㈏

③ ㈐   ④ ㈑

 ㈐의 앞 문장에서 '잠을 잘 때 우리는 삶을 처음 시작할 때와 아주 비슷한 상황'으로 돌아간다고 제시되어 있고, 뒤의 문장에서는 그에 대한 근거 '많은 사람들이 잠을 잘 때 태아와 같은 자세를 취하는 것'에 대해 제시되어 있으므로 주어진 문장에 들어가기에 가장 적절한 곳은 ㈐이다.

18

그래서 조선 후기에 기독교가 제사의례를 부정하고 나왔을 때 당시 유교적 위정자들이 온갖 박해로 기독교를 탄압한 것이라고 추리할 수 있다.

자신이 죽는다는 사실을 아는 동물은 인간뿐으로, 인간은 그 공포에서 벗어나기 위해 수많은 설명과 행위를 만들어낸다. ㈎ 유학자들도 예외가 될 수 없다. 아무리 이론적인 무장을 잘 해도 죽음 앞에서는 한갓 헛될 뿐이다. ㈏ 유교에서 제사가 그렇게 중요시되었던 것도 바로 인간의 영생을 간접적이나마 약속해 준다는 것 때문이었을 것이다. ㈐ 이것마저 양보하면 유교는 그 높은 형이상학적 교리만으로는 버틸 수가 없었을 것이다. 제사야말로 유교를 근본적으로 받쳐 주고 있는 종교의례였던 것이다. ㈑ 종교적으로 절대적인 도그마로 뿌리박혀 있는 것을 공격하게 되면 어떤 종교에서든 강력한 거부감을 가지고 호전적으로 맞서게 되는 것이다.

① (가)   ② (나)

③ (다)   ④ (라)

 (라) 이전의 문장에서 유교를 근본적으로 받쳐주고 있는 종교의례가 제사라고 언급했고, 그 이후 문장에서 절대적인 도그마로 뿌리박혀 있는 것(제사)을 공격하면 호전적으로 맞선다고 언급되어 있으므로 주어진 문장은 (라)에 들어가 앞뒤 문장을 이어주는 것이 가장 적절하다.

19

> 도덕 철학자들은 이 물음에 대해 대부분 부정적 반응을 보이며 도덕적 정당화의 조건으로 공평성(impartiality)을 제시한다.

> 도덕적 선택의 순간에 직면했을 때 상대방에게 개인적 선호(選好)를 드러내는 행동이 과연 도덕적으로 정당할까? (가) 공평주의자들의 관점에서 볼 때 특권을 가진 사람은 아무도 없다. (나) 사람들은 인종, 성별, 연령에 관계없이 모두 신체와 생명, 복지와 행복에 있어서 동일한 가치를 지닌다. (다) 따라서 어떤 개인에 대해 행위자의 선호를 표현하는 도덕적 선택은 결코 정당화될 수 없다. (라) 공평주의자들은 사람들 간의 차별을 인정하지 않기 때문에 개인이 처해 있는 상황이 어떠한가에 따라 행동의 방향을 결정해야 한다고 말한다.

① (가)   ② (나)

③ (다)   ④ (라)

 주어진 문장은 맨 첫 번째 문장의 질문에 대한 대부분의 도덕 철학자들의 생각을 서술한 것이다. 이후 문장들에서 공평주의자들의 관점에 대한 설명이 제시되고 있으므로 주어진 문장이 들어갈 곳은 (가)가 가장 적절하다.

Answer ┌→ 17.③ 18.④ 19.①

20

> 그러나 1960년대부터 시작된 이 주제에 대한 첫 번째 조사 연구의 결과에서 이러한 모든 의견이 잘못되었음이 분명해졌다.

> 수화의 본질을 고려했을 때 수화의 첫 번째 단계는 수화의 구조와 기능에 대한 전통적 오해를 뿌리 뽑는 것이다. ㈎ 이 문제에 관한 대중적 의견들은 꽤 분명하다. 수화는 진정한 언어라기보다는 기교적 몸동작의 시스템이다. ㈏ 수화는 외부 현실을 간단하게 그림으로 표현한 것이다. 그리고 이 때문에, 전 세계에 걸쳐 이해될 수 있는 단 하나의 몸짓 언어라는 것이다. ㈐ 무엇보다, 몸짓 언어와 몸동작 사이의 분명한 차이점이 반드시 정해져야만 한다. 수화는 말을 통해 얻어지는 같은 범위의 의미를 표현하기 위해 의식적이고 "구두적인" 방법으로 손을 사용하는 것이다. ㈑

① ㈎   ② ㈏

③ ㈐   ④ ㈑

 주어진 문장에서 '이러한 모든 의견'은 '수화는 진정한 언어라기보다는 기교적 몸동작의 시스템', '수화는 외부 현실을 간단하게 그림으로 표현한 것', '전 세계에 걸쳐 이해될 수 있는 단 하나의 몸짓 언어'라는 의견을 말한다. 이러한 모든 의견이 연구 결과에 의해 잘못되었음이 분명해졌음을 밝히고, 수화에 대한 재정의가 이어지고 있다.

21~25 다음을 읽고 빈칸에 들어갈 내용으로 가장 알맞은 것을 고르시오.

21

> 비트겐슈타인이 1918년에 쓴 「논리 철학 논고」는 '빈학파'의 논리실증주의를 비롯하여 20세기 현대 철학에 큰 영향을 주었다. 그는 많은 철학적 논란들이 언어를 애매하게 사용하여 발생한다고 보았기 때문에 언어를 분석하고 비판하여 명료화하는 것을 철학의 과제로 삼았다. 그는 이 책에서 언어가 세계에 대한 그림이라는 '그림이론'을 주장한다. 이 이론을 세우는데 그에게 영감을 주었던 것은, 교통사고를 다루는 재판에서 장난감 자동차와 인형 등을 이용한 모형을 통해 사건을 설명했다는 기사였다. 그런데 모형을 가지고 사건을 설명할 수 있는 이유는 무엇일까? 그것은 모형이 실제의 자동차와 사람 등에 대응하기 때문이다. 그는 언어도 이와 같다고 보았다. 언어가 의미를 갖는 것은 언어가 세계와 대응하기 때문이다. 다시 말해 언어가 세계에 존재하는 것들을 가리키고 있기 때문이다. 언어는 명제들로 구성되어 있으며, 세계는 사태들로 구성되어 있다. 그리고 명제들과 사태들은 각각 서로 대응하고 있다. _____

① 그러므로 언어는 세계를 설명할 수 있지만, 사건은 설명할 수 없다.

② 이처럼 언어와 세계의 논리적 구조는 동일하며, 언어는 세계를 그림처럼 기술함으로써 의미를 가진다.

③ 이처럼 비트겐슈타인은 '그림 이론'을 통해 언어가 설명할 수 없는 세계에 대하여 제시했다.

④ 그러므로 철학적 논란들은 언어를 명확하게 사용함으로써 사라질 것이다.

 '그림 이론'에 대한 설명에서 언어가 세계와 대응한다는 내용에 이어지는 문장이므로 ②번이 적절하다.

22

열린 형식은 프레임의 틀을 강조하지 않으며 영화가 보여 주는 공간의 이동성 혹은 연속성을 지키려고 노력한다. 반면 닫힌 형식은 프레임 내에서 보여줄 수 있는 모든 정보를 꽉 채워서 보여 주려고 한다. 이 밖에도 열린 형식에서는 극적인 행동이 카메라를 이끄는 반면 닫힌 형식에서는 카메라가 극적인 행동을 이끄는 편이다. 즉 어떤 사건이 일어났다고 했을 때, 열린 형식에서는 그 사건이 일어나는 장소를 카메라가 접근하여 찍는 편이지만 닫힌 형식에서는 준비된 장소, ＿＿＿＿＿＿＿＿＿＿＿＿ 하는 것처럼 보이게 한다는 말이다.

① 드러나는 피사체가 우연히 발견된 것처럼 보이도록

② 공간의 이동성과 연속성이 지켜지도록

③ 낯선 것을 강조하여 부각시킬 수 있도록

④ 카메라가 미리 설치된 장소에서 사건이 벌어지도록

(Tip) 닫힌 형식이란 프레임 내에서 모든 정보를 꽉 채워서 보여주어야 하므로 '준비된 장소', 즉 '카메라가 미리 설치된 장소'에서 사건이 벌어지도록 보이게 표현되어야 한다.

23

동양화의 특징인 여백의 표현도 산점 투시(散點透視)와 관련된 것이다. 동양화에서는 산점 투시를 택하여 구도를 융통성 있게 짜기 때문에 유모취신(遺貌取神)적 관찰 내용을 화면에 그대로 표현할 수 있다. 즉 대상 가운데 주제와 사상을 가장 잘 나타낼 수 있는 본질적인 부분만을 취하고, ＿＿＿＿＿＿＿＿＿＿＿＿ 그 결과 여백이 생기게 된 것이다. 이 여백은 하늘일 수도 있고 땅일 수도 있으며, 혹은 화면에서 제거된 기타 여러 가지일 수도 있다. 그런데 여백은 단순히 비어 있는 공간은 아니다. 그것은 주제를 돋보이게 할 뿐 아니라 동시에 화면의 의경(意境)을 확대시킨다. 당나라 대 백거이는 '비파행(琵琶行)'이라는 유명한 시에서 악곡이 쉬는 부분을 묘사할 때, "이 때에는 소리를 내지 않는 것이 소리를 내는 것보다 더 낫다."라고 하였다. 여기서 '일시적으로 소리를 쉬는 것'은 악곡 선율의 연속인데, 이는 '뜻은 다달았으되 붓이 닿지 않은' 것과 같은 뜻이다. 이로 인해 보는 이는 상상력을 발휘할 수 있는 여지를 더 많이 가질 수 있고, 동시에 작품은 예술적 공감대를 확대하게 된다.

① 풍경을 최대한 자세하게 표현한다.

② 주변 인물들의 표정을 과장되게 묘사한다.

③ 주제와 관련 없는 부분을 화면에서 제거한다.

④ 나머지는 추상적으로 표현하여 궁금증을 유발시킨다.

주어진 글은 미술, 음악 등 작품에서 본직적인 부분만을 취하고 '주제와 관련 없는 부분을 화면에서 제거'하는 '여백의 미'에 대한 내용이다.

24

> 역사적 사실(historical fact)이란 무엇인가? 이것은 우리가 좀 더 꼼꼼히 생각해 보아야만 하는 중요한 질문이다. 상식적인 견해에 따르면, 모든 역사가들에게 똑같은, 말하자면 역사의 척추를 구성하는 어떤 기초적인 사실들이 있다. 예를 들면 헤이스팅스(Hastings) 전투가 1066년에 벌어졌다는 사실이 그런 것이다. 그러나 이 견해에는 명심해야 할 두 가지 사항이 있다. 첫째로, 역사가들이 주로 관심을 가지는 것은 그와 같은 사실들이 아니라는 점이다. 그 대전투가 1065년이나 1067년이 아니라 1066년에 벌어졌다는 것, 그리고 이스트본(Eastbourne)이나 브라이턴(Brighton)이 아니라 헤이스팅스에서 벌어졌다는 것을 아는 것은 분명히 중요하다. 역사가는 이런 것들에서 틀려서는 안 된다. 하지만 나는 이런 종류의 문제들이 제기될 때 _____라는 하우스먼의 말을 떠올리게 된다. 어떤 역사가를 정확하다는 이유로 칭찬하는 것은 어떤 건축가를 잘 말린 목재나 적절히 혼합된 콘크리트를 사용하여 집을 짓는다는 이유로 칭찬하는 것과 같다.

① '정확성은 의무이며 곧 미덕이다'

② '정확성은 미덕이지 의무는 아니다'

③ '정확성은 의무도 미덕도 아니다'

④ '정확성은 의무이지 미덕은 아니다.'

 뒤에 이어지는 문장에서 빈칸에 들어갈 문장을 부연설명하고 있다. 뒤에 이어지는 문장에서 '정확성은 마땅히 해야 하는 것이며, 칭찬할 것은 아니다.'라는 내용을 이야기 하고 있으므로, 이와 일치하는 내용은 ④번이다.

Answer → 22.④ 23.③ 24.④

25

옻나무에서 뽑아낸 수액을 옻이라고 한다. 옻은 아주 오랜 옛날부터 생활에 이용되었다. 옻의 여러 가지 쓰임에 대해 알아보자.

첫째, 옻은 병을 치료하는 약재로 사용된다. '동의보감'을 보면 옻은 성질이 따뜻해 혈액 순환을 촉진한다고 한다. 이러한 옻의 성질을 이용하여 민간에서는 위장병을 치료하는 데 이용한다.

둘째, 옻은 몸의 기운을 보충하는 음식 재료로 사용된다. 옻을 음식에 넣어 먹으면 피로감이 없어진다. 그래서 우리나라에서는 몸의 기운을 보충하기 위해 닭이나 오리 요리에 옻나무를 넣는다.

셋째, _____ 나무 제품에 옻칠을 하면 나무가 갈라지거나 썩는 것을 막아준다. 또한 해충과 습기로부터 나무를 보호하는 효과가 있다. 고려 시대에 나무로 만든 팔만대장경이 700년이 지난 지금까지 원형 그대로 잘 보존되고 있는 이유 중 하나가 옻칠 때문이기도 하다.

① 옻은 나무 제품을 보존하기 위한 칠 재료로 사용된다.

② 옻은 병든 나무를 치료하는 재료로 사용된다.

③ 옻은 습기를 제거하는 재료로 사용된다.

④ 옻은 오래된 나무 제품을 보호하는 재료로 사용된다.

Tip 뒤의 내용을 모두 포괄하는 내용이 와야 하므로 ①이 가장 적절하다.

26 다음은 대담의 일부이다. 대담 참여자의 말하기 방식으로 적절한 것은?

> 진행자 : '책 사랑' 시간입니다. 오늘은 우리의 전통 선박에 대해 재미있게 설명한 「우리나라 배」의 저자를 모셨습니다. 안녕하십니까?
>
> 전문가 : 반갑습니다.
>
> 진행자 : 선생님, 우리나라 전통 선박에 담긴 선조들의 지혜를 설명한 책의 내용이 참 흥미롭던데요, 구체적인 사례 하나만 소개해 주시길 부탁 드립니다.
>
> 전문가 : 많은 사례가 있지만 그중에서도 판옥선에 담긴 선조들의 지혜를 소개해 드릴까 합니다. 혹시 판옥선에 대해 들어 보셨나요?
>
> 진행자 : 자세히는 모르지만 임진왜란 때 사용된 선박이라고 들었습니다.
>
> 전문가 : 맞습니다. 판옥선은 임진왜란 때 활약한 전투함인데, 우리나라 해양 환경에 적합한 평저 구조로 만들어졌습니다.
>
> 진행자 : 선생님, 평저 구조가 무엇인가요?
>
> 전문가 : 네, 그건 배의 밑 부분을 넓고 평평하게 만든 구조입니다. 덕분에 판옥선은 수심이 얕은 바다에서는 물론, 썰물 때에도 운항이 용이했죠. 또한 방향 전환도 쉽게 할 수 있었습니다.
>
> 진행자 : 그러니까 섬이 많고 수심이 얕으면서 조수 간만의 차가 비교적 큰 우리나라 남해안과 서해안에 적합한 구조라는 말씀이시죠?
>
> 전문가 : 네, 그렇습니다.
>
> 진행자 : 선조들의 지혜가 대단하다는 생각이 드네요. 이런 특징을 가진 판옥선이 전투 상황에서는 얼마나 위력적이었는지 궁금합니다. 설명해 주시겠습니까?

① 전문가는 여러 가지 예를 들어 책의 내용을 설명하고 있다.

② 전문가는 자신의 이론에 대하여 설명하고 있다.

③ 진행자는 대화의 주제와 맞지 않는 물음을 던지고 있다.

④ 진행자는 용어의 개념에 대하여 물음으로써 청취자의 이해를 돕고 있다.

 ① 전문가는 판옥선의 예를 들어 우리나라 선통 선박에 담긴 선조들의 지혜를 설명하고 있다.

② 전문가는 자신의 책에 담긴 내용을 설명하고 있다.

③ 진행자는 용어의 개념에 대하여 물음으로써 청취자의 이해를 돕고, 물음을 통해 자신이 이해한 바를 확인하고 있으며, 마지막에는 화제와 관련된 추가 정보를 요청하고 있다.

Answer → 25.① 26.④

27 다음 제시문을 바탕으로 '공부'에 관한 글을 쓰려고 할 때, 이끌어 낼 수 있는 내용으로 적절하지 않은 것은?

> 자전거를 쓰러뜨리지 않고 잘 타려면 기울어지는 쪽으로 방향을 틀면서 균형을 잡되, 멈추지 않고 계속 앞으로 가야만 한다. 그런데 실제로는 이런 원리를 아는 것보다 직접 타 보면서 연습하는 것이 더 중요하다. 이때 만약 자전거를 처음 배운다면 누군가 뒤에서 잡아주는 것이 좀 더 효율적이다. 뒤에서 잡아주다가 타는 사람도 모르게 살며시 놓아주게 되면 타는 사람은 어느새 자신도 모르게 균형을 잡고 자전거를 탈 수 있기 때문이다. 그리고 이렇게 배운 자전거로 더 멀리 가려면 튼튼한 체력이 뒷받침되어야 한다.

① 공부를 잘 하려면 지속적으로 해야 한다.

② 체계적인 공부를 위해 시간 관리를 잘 해야 한다.

③ 스스로 공부할 수 있도록 도움을 받는 것도 필요하다.

④ 목표를 달성할 때까지 공부하려면 건강을 잘 돌봐야 한다.

 ② 제시문에서는 '시간 관리'를 이끌어 낼 수 있는 내용이나 근거가 제시되지 않았다.
① 멈추지 않고 계속 앞으로 가야한다는 내용을 통해 이끌어 낼 수 있다.
③ 자전거를 처음 배울 때는 누군가 뒤에서 잡아 주는 것이 효율적이라는 내용을 통해 이 끌어 낼 수 있다.
④ 더 멀리 있는 목적지를 가기 위해선 튼튼한 체력이 뒷받침되어야 한다는 내용을 통해 이끌어 낼 수 있다.

28 다음 글의 제목으로 가장 적절한 것은?

> 보통 알코올 도수가 높은 술은 증류주(蒸溜酒)에 속한다. 중국의 바이주(白酒), 러시아의 보드카, 영국의 위스키, 프랑스의 브랜디가 모두 증류주다. 최근에야 알코올 도수가 20~30%까지 낮아졌지만, 원래 증류주는 40%가 넘었다. 증류를 하는 대상은 주로 양조주(釀造酒)다. 중국의 바이주는 쌀이나 수수로 만든 양조주인 청주나 황주(黃酒)를 먼저 만든 후, 그것을 증류하면 된다. 가오량주(高粱酒)는 그 재료가 수수라서 생긴 이름이다. 위스키는 주로 보리로 양조주인 맥주를 만든 후 그것을 증류해서 만든다. 브랜디는 포도를 원료로 만든 와인을 증류한 술이다. 그렇다면 한국의 소주는 과연 증류주인가.
>
> 당연히 증류주라고 해야 옳다. 다만 시중에서 즐겨 마시는 '국민 대중의 술' 소주는 온전한 증류주라고 말하기 어렵다. 상표를 자세히 살펴보면 '희석식 소주'라고 표시돼 있다. 도대체 무엇에 무엇을 희석했다는 것인가. 고구마나 타피오카 같은 곡물에 알코올 분해해 정제시킨 주정(酒精)에 물과 향료를 희석시킨 것이 바로 이 술이다. 주정은 그냥 마시면 너무 독해서 치명적이기에 물을 섞어야 한다. 이와 같은 주정은 결코 전래의 증류 방식이 온전하게 도입된 것이 아니다. 밑술인 양조주를 굳이 만들지 않고 발효균을 넣어 기계에 연속으로 증류시켜 만든다. 당연히 양조주가 지닌 원래의 독특한 향기도 주정에는 없다.

① 증류주의 역사 　　　　　　　② 양조주의 전통과 향기

③ 전통적 증류주 '소주' 　　　　④ 소주의 정체(正體)

 흔히 증류주로 알려져 있는 소주가 다른 증류주들과 다른 과정으로 제조됨을 설명하고 있으므로 글의 제목으로는 '소주의 정체(正體)'가 가장 적절하다.

Answer ⟶ 27.② 28.④

불행이란 사물의 결핍 상태에서 오는 것이 아니라, 결핍감을 느끼게 하는 욕구에서 온다. 현실세계에는 한계가 있지만 상상의 세계에는 한계가 없다. 현실세계를 확대시킬 수는 없는 일이므로 상상의 세계를 제한할 수밖에 없다. 왜냐하면 우리를 진정으로 불행하게 하는 모든 고통은 오로지 이 두 세계의 차이에서만 생겨나는 것이기 때문이다. 체력과 건강과 스스로가 선한 사람이라는 확신을 제외한 그 밖의 인간 생활의 모든 행복은 모두 사람들의 억측에 불과한 것이다. 신체의 고통과 양심의 가책을 제외한 그 밖의 모든 불행은 공상적인 것이다.

인간은 약하다고 하는데 그것은 무엇을 뜻하는 것이겠는가? 이 약하다고 하는 말은 하나의 상대적 관계를, 즉 그 말이 적용되는 자의 어떤 관계를 나타내는 것이다. 능력이 모든 욕구보다 넘치고 있는 경우에는 곤충이든 벌레든 간에 모두 강자임에 틀림이 없다. 욕망이 그것을 능가할 경우에는 그것이 코끼리든 사자든, 또는 정복자든 영웅이든, 심지어 신이라 할지라도 모두 약자이다. 자신의 본분을 깨닫지 못하고 반항한 천사는 자신의 본분에 따라서 평화롭게 산 지상의 행복한 인간보다 더 약한 존재였다. 인간은 지금 있는 그대로 만족할 때는 대단히 강해지고 인간 이상이고자 할 때는 대단히 약해진다.

그러므로 여러분의 욕망을 확대하면 여러분들의 힘도 확대될 수 있다고 생각하지 말라. 만약에 여러분들의 오만이 힘보다도 더 확대되는 경우에는 오히려 힘을 줄이는 결과가 될 것이다. 우리들의 힘이 미칠 수 있는 범위의 반경을 재어보자 그리고 마치 거미가 거미줄 한가운데 있듯이 그 범위의 중심에 머물러 있도록 하자. 그렇게 하면 우리는 항상 우리 자신에게 만족하고 자신의 약함을 한탄하는 일이 없게 될 것이다. 왜냐하면 허약하다는 것을 새삼스레 느끼게 되는 일이 없을 것이기 때문이다.

모든 동물들은 자기 보존에 필요한 만큼의 능력만을 지니고 있다. 인간만이 오직 그 이상의 능력을 가지고 있다. 그 여분의 능력이 인간의 불행을 만들어 내고 있으니 참으로 기이한 일이 아닌가? 어느 나라에서나 인간의 팔은 생활필수품 이상의 것을 만들어 낼 수 있다. 만약 인간이 상당히 현명하여 이 여분의 능력이란 것에 무관심해진다면 결코 지나치게 많은 것을 손에 넣지 않게 될 것이기 때문에 항상 필요한 것만을 갖고 있게 될 것이다.

① 다다익선(多多益善) ② 박리다매(薄利多賣)
③ 과유불급(過猶不及) ④ 교각살우(矯角殺牛)

 ③ 윗글은 인간의 욕심(상상)이 커짐으로 지나친 능력이 인간의 불행을 만들어 내고 있다고 이야기하고 있으므로 지나친 것은 미치지 못한 것과 같다는 뜻인 과유불급(過猶不及)이 글의 주제와 가장 관련이 깊다.
① 많으면 많을수록 더 좋음
② 이익을 적게 보면서 많이 판매함
④ 쇠뿔을 바로 잡으려다 소를 죽인다는 뜻으로, 결점이나 흠을 고치려다 수단이 지나쳐 도리어 일을 그르침을 의미함

30 밑줄 친 부분의 사례로 알맞지 않은 것은?

> 농업 사회는 촌락 공동체의 특징적 요소인 지역성, 사회적 상호 작용, 공동의 결속감 등이 자연스럽게 구현되고 재생산되기에 적합한 사회 경제적 구조가 전제 조건이었다. 전통적 의미의 공동체는 위의 세 가지 요소를 빠짐없이 고루 갖추고 있는 집단에만 적용할 수 있는 명칭이었으나 현대인의 공동체적 삶에 대한 희구와 열망은 본래적 개념의 경계를 넘어서 공동의 목적과 이념을 추구하는 새로운 형태의 공동체 운동을 시도해 왔다.
>
> 도시 공동체는 도시를 기본 단위로 도시의 주거·직장·여가활동을 위해 필요로 하는 시설, 자원, 제도가 사람이 사는 터전을 중심으로 유지되는 공동체로서 자연 발생적 공동체가 아닌 '의도적 공동체'라고 할 수 있다. 이 '의도적 공동체' 가운데 코뮌(commune)은 구성원들이 지리적으로 근접해 있어 일정한 테두리 속에서 일상적 상호 작용을 하며, 정서적으로도 밀접하게 통합되어 있다. 이 코뮌은 생산물과 재산의 사적 소유를 금지하고 모든 것을 공동 분배·관리하는 공산제적 성격의 집단을 그 전형(典型)으로 하며, 코뮌의 참여자들은 애초부터 어떤 이념 기치 아래 자발적으로 공동의 생활을 영위한다. 코뮌에서는 모든 경제 행위와 인간관계, 문화 활동 등 생활의 전 영역을 공동으로 해결하므로 주거 공간과 노동 조건 같은 삶의 자족적 시스템이 창출(創出)되는 것이 전제 조건이다.
>
> 그러나 도시에서는 코뮌 같은 공동생활의 자족적 시스템을 스스로 만들어내기가 현실적으로 어렵다. 따라서 공간적 근접성으로 인한 상호 접촉의 기회가 상대적으로 높고, 공동의 이해관계를 발견하기가 비교적 쉬운 기존의 물리적 조건을 활용해서 <u>공동체적 요소가 강한 사회 문화적으로 동질화된 세력을 구성하려는 시도(試圖)</u>를 한다. 또한 생활의 영역 가운데 가장 주된 관심사 한, 두 가지의 공동 이해(利害)를 기반으로 단일한 목적이나 이념을 갖는 사람들로 목적 지향적 집단인 '협동조합'을 구성하려는 경향도 있다. 그러나 실제 도시에서 시도되는 공동체의 성격을 보면 공동체적 요소들의 다양한 조합(組合)으로 나타나기 때문에 유형화하기가 쉽지 않다. 이를테면 아파트와 같은 정주(定住) 공동체는 구성을 시도하는 시점부터 거주 시설의 집단화라는 조건이 있으므로 지역성 즉, 공간 근접성은 높지만 구성원들의 목적의식이나 가치관의 동질성은 그리 높다고 할 수 없다.

① 언론사에서 주최한 봄철 마라톤 대회에 참가하기 위해 공원에 모였다.

② 고등학교를 졸업한 동창들이 학교 발전을 위한 동창회를 조직하기 위해 모였다.

③ 마을 단위의 주민들이 공동으로 생산하고 소비하는 자치 마을을 만들기 위해 모였다.

④ 시민들이 어려운 이웃을 돕기 위한 봉사 모임을 결성하기 위해서 시민 단체에 모였다.

 ①의 개인이 마라톤 대회에 참가하는 행위는 동질화된 세력을 구성하려는 시도로 볼 수 없으므로 밑줄 친 부분의 사례로 적절하지 않다.

Answer → 29.③ 30.①

_____는 속담이 있듯이 다른 사람들의 행동을 따라하는 것을 심리학에서는 '동조(同調)'라고 한다. OX 퀴즈에서 답을 잘 모를 때 더 많은 사람들이 선택하는 쪽을 따르는 것도 일종의 동조이다.

심리학에서는 동조가 일어나는 이유를 크게 두 가지로 설명한다. 첫째는, 사람들은 자기가 확실히 알지 못하는 일에 대해 남이 하는 대로 따라 하면 적어도 손해를 보지는 않는다고 생각한다는 것이다. 낯선 지역을 여행하던 중에 식사를 할 때 여행객들은 대개 손님들로 북적거리는 식당을 찾게 마련이다. 식당이 북적거린다는 것은 그만큼 그 식당의 음식이 맛있다는 것을 뜻한다고 여기기 때문이다. 둘째는, 어떤 집단이 그 구성원들을 이끌어 나가는 질서나 규범 같은 힘을 가지고 있을 때, 그러한 집단의 압력 때문에 동조 현상이 일어난다는 것이다. 만약 어떤 개인이 그 힘을 인정하지 않는다면 그는 집단에서 배척당하기 쉽다. 이런 사정 때문에 사람들은 집단으로부터 소외되지 않기 위해서 동조를 하게 된다. 여기서 주목할 것은 자신이 믿지 않거나 옳지 않다고 생각하는 문제에 대해서도 동조의 입장을 취하게 된다는 것이다.

상황에 따라서는 위의 두 가지 이유가 함께 작용하는 경우도 있다. 예컨대 선거에서 지지할 후보를 결정하고자 할 때 사람들은 대개 활발하게 거리 유세를 하며 좀 더 많은 지지자들의 호응을 이끌어 내는 후보를 선택하게 된다. 곧 지지자들의 열렬한 태도가 다른 사람들도 그 후보를 지지하도록 이끄는 정보로 작용한 것이다. 이때 지지자 집단의 규모가 클수록 지지를 이끌어 내는 데에 효과적으로 작용한다.

동조는 개인의 심리 작용에 영향을 미치는 요인이 무엇이냐에 따라 그 강도가 다르게 나타난다. 가지고 있는 정보가 부족하여 어떤 판단을 내리기 어려운 상황일수록, 자신의 판단에 대한 확신이 들지 않을수록 동조 현상은 강하게 나타난다. 또한 집단의 구성원 수가 많고 그 결속력이 강할 때, 특정 정보를 제공하는 사람의 권위와 그에 대한 신뢰도가 높을 때도 동조 현상은 강하게 나타난다. 그리고 어떤 문제에 대한 집단 구성원들의 만장일치 여부도 동조에 큰 영향을 미치게 되는데, 만약 이때 단 한 명이라도 이탈자가 생기면 동조의 정도는 급격히 약화된다.

어떤 사람이 길을 건너려고 할 때 무단 횡단하는 사람들이 있으면 별 생각 없이 따라 하는 것처럼, 동조 현상은 ㉠부정적인 경우에도 일어난다. 그러나 정류장에서 차례로 줄을 서서 버스를 기다리는 모습처럼 긍정적으로 작용하는 경우도 많다.

31 윗글에 대한 설명으로 옳지 않은 것은?

① 정보제공자의 권위와 그에 대한 신뢰도는 동조 현상의 강도에 영향을 미친다.

② 심리학에서는 집단의 압력 때문에 동조가 일어난다고 본다.

③ 심리학에서는 남이 하는 대로 따라하면 손해를 보지는 않는다고 생각하는 것이 동조의 이유라고 본다.

④ 정보가 충분하지만, 자신의 판단에 대한 확신이 들지 않을 때 동조 현상이 가장 강하게 나타난다.

 ④ 네 번째 문단에서 정보가 부족하여 어떤 판단을 내리기 어려운 상황일수록, 자신의 판단에 대한 확신이 들지 않을수록 동조 현상은 강하게 나타난다고 말하고 있다.

32 윗글의 밑줄 친 부분에 들어갈 속담으로 적절한 것은?

① 초록은 동색이다　　　　　　② 친구 따라 강남 간다

③ 가재는 게 편이다　　　　　　④ 모로 가도 서울만 가면 된다

 ② 윗글에서는 다른 사람의 행동을 따라하는 '동조'에 대해 설명하고 있으므로, '남에게 이끌려서 덩달아 하게 됨'을 이르는 말인 '친구 따라 강남 간다'가 밑줄 친 부분에 들어가는 것이 적절하다.

33 다음 중 밑줄 친 ㉠의 예로 적절한 것은?

① 주차장이 아닌 길가에 주차된 차들 옆에 차를 주차한다.

② 자동차를 구매할 때 주변에서 많이 보이는 차종을 구매한다.

③ 사람이 많이 붐비는 맛집에 줄을 서서 식사를 한다.

④ 식당에 가서 부장님이 시키신 메뉴로 모두 통일한다.

(Tip) ① ㉠은 '어떤 사람이 길을 건너려고 할 때 무단 횡단하는 사람들이 있으면 별 생각 없이 따라 하는 것'처럼 동조 중에서도 규범을 어기는 등 부정적인 경우를 말한다. 이에 해당하는 것은 ①번이다.

Answer ⟶ 31.④　32.②　33.①

34 다음 글의 주제를 바르게 기술한 것은?

> 칠레 산호세 광산에 매몰됐던 33명의 광부 전원이 69일간의 사투 끝에 모두 살아서 돌아왔다. 기적의 드라마였다. 거기엔 칠레 국민, 아니 전 세계인의 관심과 칠레 정부의 아낌없는 지원, 그리고 최첨단 구조장비의 동원뿐만 아니라 작업반장 우르수아의 리더십이 중요하게 작용하였다. 그러나 그 원동력은 매몰된 광부들 스스로가 지녔던, 살 수 있다는 믿음과 희망이었다. 그것 없이는 그 어떤 첨단 장비도, 국민의 열망도, 정부의 지원도, 리더십도 빛을 발하기 어려웠을 것이다.

① 칠레 광부의 생환은 기적이다.
② 광부의 인생은 광부 스스로가 만들어 간다.
③ 삶에 대한 믿음과 희망이 칠레 광부의 생환 기적을 만들었다.
④ 자국 국민과 세계인의 관심, 정부의 지원과 지도자의 리더십이 가장 중요하다.

 네 번째 줄에 '그 원동력은 매몰된 광부들 스스로가 지녔던, 살 수 있다는 믿음과 희망이었다.'를 통해 글의 주제를 알 수 있다.

35 다음 글을 읽고 보인 반응으로 적절한 것은?

> 이어폰으로 스테레오 음악을 들으면 두 귀에 약간 차이가 나는 소리가 들어와서 자기 앞에 공연장이 펼쳐진 것 같은 공간감을 느낄 수 있다. 이러한 효과는 어떤 원리가 적용되어 나타난 것일까?
>
> 사람의 귀는 주파수 분포를 감지하여 음원의 종류를 알아내지만, 음원의 위치를 알아낼 수 있는 직접적인 정보는 감지하지 못한다. 하지만 사람의 청각 체계는 두 귀 사이 그리고 각 귀와 머리 측면 사이의 상호 작용에 의한 단서들을 이용하여 음원의 위치를 알아낼 수 있다. 음원의 위치는 소리가 오는 수평·수직 방향과 음원까지의 거리를 이용하여 지각하는데, 그 정확도는 음원의 위치와 종류에 따라 다르며 개인차도 크다. 음원까지의 거리는 목소리 같은 익숙한 소리의 크기와 거리의 상관관계를 이용하여 추정한다.
>
> 음원이 청자의 정면 정중앙에 있다면 음원에서 두 귀까지의 거리가 같으므로 소리가 두 귀에 도착하는 시간 차이는 없다. 반면 음원이 청자의 오른쪽으로 치우치면 소리는 오른쪽 귀에 먼저 도착하므로, 두 귀 사이에 도착하는 시간 차이가 생긴다. 이때 치우친 정도가 클수록 시간 차이도 커진다. 도착순서와 시간 차이는 음원의 수평 방향을 알아내는 중요한 단서가 된다.

음원이 청자의 오른쪽 귀 높이에 있다면 머리 때문에 왼쪽 귀에는 소리가 작게 들린다. 이러한 현상을 '소리 그늘'이라고 하는데, 주로 고주파 대역에서 일어난다. 고주파의 경우 소리가 진행하다가 머리에 막혀 왼쪽 귀에 잘 도달하지 않는데 비해, 저주파의 경우 머리를 넘어 왼쪽 귀까지 잘 도달하기 때문이다. 소리 그늘 효과는 주파수가 1,000Hz 이상인 고음에서는 잘 나타나지만, 그 이하의 저음에서는 거의 나타나지 않는다. 이 현상은 고주파 음원의 수평 방향을 알아내는 데 특히 중요한 단서가 된다.

한편, 소리는 귓구멍에 도달하기 전에 머리 측면과 귓바퀴의 굴곡의 상호 작용에 의해 여러 방향으로 반사되고, 반사된 소리들은 서로 간섭을 일으킨다. 같은 소리라도 소리가 귀에 도달하는 방향에 따라 상호 작용의 효과가 달라지는데, 수평 방향뿐만 아니라 수직 방향의 차이도 영향을 준다. 이러한 상호작용에 의해 주파수 분포의 변형이 생기는데, 이는 간섭에 의해 어떤 주파수의 소리는 작아지고 어떤 주파수의 소리는 커지기 때문이다. 이 또한 음원의 방향을 알아낼 수 있는 중요한 단서가 된다.

① 사람은 음원을 들었을 때 그 음원의 위치를 알 수가 없는 거네.
② 음원의 위치는 모든 사람들이 정확하게 지각할 수 있는 거구나.
③ 음원이 두 귀에 도착하는 순서와 시간의 차이는 음원의 수평 방향을 알아내는 중요한 단서인거네.
④ '소리 그늘' 현상은 고주파 음원의 수직 방향을 알아내는데 중요한 단서야.

① 사람의 귀는 음원의 위치를 알아낼 수 있는 직접적인 정보는 감지하지 못한다. 하지만 여러 단서들을 이용하여 음원의 위치를 알아낼 수 있다.
② 음원의 위치를 지각하는 정확도는 음원의 위치와 종류에 따라 다르며 개인차도 크다.
④ '소리 그늘' 현상은 고주파 음원의 수평 방향을 알아내는 데 특히 중요한 단서가 된다.

Answer ⇒ 34.③ 35.③

36 다음 글의 요지를 가장 잘 정리한 것은?

> 신문에 실려 있는 사진은 기사의 사실성을 더해 주는 보조 수단으로 활용된다. 어떤 사실을 사진 없이 글로만 전할 때와 사진을 곁들여 전하는 경우에 독자에 대한 기사의 설득력에는 큰 차이가 있다. 이 경우 사진은 분명 좋은 의미에서의 영향력을 발휘한 경우에 해당할 것이다. 그러나 사진은 대상을 찍기 이전과 이후에 대해서 알려 주지 않는다. 어떤 과정을 거쳐 그 사진이 있게 됐는지, 그 사진 속에 어떤 속사정이 숨어 있는지에 대해서도 침묵한다. 분명히 한 장의 사진에는 어떤 인과 관계가 있음에도 그것에 관해 자세히 설명해 주지 못한다. 이러한 서술성의 부족으로 인해 사진은 사람을 속이는 증거로 쓰이는 경우도 있다. 사기꾼들이 권력자나 얼굴이 잘 알려진 사람과 함께 사진을 찍어서, 자신이 그 사람과 특별한 관계가 있는 것처럼 보이게 하는 경우가 그 예이다.

① 사진은 신문 기사의 사실성을 강화시켜 주며 어떤 사실의 객관적 증거로도 쓰인다.
② 사진은 사실성의 강화라는 장점을 지니지만 서술성의 부족이라는 단점도 지닌다.
③ 사진은 신문 기사의 사실성을 더해 주는 보조 수단으로서의 영향력이 상당하다.
④ 사진은 사실성이 높기 때문에 사람을 속이는 증거로 잘못 쓰이는 경우가 있다.

 앞에서는 사진의 장점으로 '사실성의 강화'를 들고 있고, 뒤에서는 그 단점으로 '서술성의 부족'을 지적하고 있다. 따라서 ②가 중심 내용들을 바르게 파악하고 요약한 것에 해당한다.

37 다음 문단 뒤에 이어질 글의 내용으로 적절한 것은?

> 적외선은 온도에 민감하며, 연기나 먼지 심지어 얇은 물체도 잘 투과한다. 보통 별의 생성은 성간 물질인 분자 구름 속에서 일어난다. 그런데 가시광선은 분자 구름과 같은 기체를 잘 투과하지 못하기 때문에 적외선에서의 관측이 필요하다. 우주 팽창으로 인해 지구로부터 멀리 떨어져 있는 별일수록 빛이 긴 파장 쪽으로 전이하게 된다. 이 역시 적외선으로 관측해야 한다. 그런데 이러한 적외선을 이용한 우주 망원경은 열에 민감하기 때문에 엄청난 양과 무게의 냉각 장치가 필요하다는 단점이 있다.

① 적외선, 자외선, 가시광선 등 태양광의 종류
② 별의 생성에 대한 다양한 학설
③ 가시광선의 다양한 특성
④ 적외선을 이용한 우주 망원경의 냉각 장치

 ④ 제시된 문단에서 '그런데 이러한 적외선을 이용한 우주 망원경은 열에 민감하기 때문에 엄청난 양과 무게의 냉각 장치가 필요하다는 단점이 있다.'라고 화제를 제시하고 있다.

38 다음 글의 서술 방식에 대한 설명으로 옳지 않은 것은?

> 글로벌 광고란 특정 국가의 제품이나 서비스의 광고주가 자국 외의 외국에 거주하는 소비자들을 대상으로 하는 광고를 말한다. 브랜드의 국적이 갈수록 무의미해지고 문화권에 따라 차이가 나는 상황에서, 소비자의 문화적 차이는 글로벌 소비자 행동에 막대한 영향을 미친다고 할 수 있다. 또한 점차 지구촌 시대가 열리면서 글로벌 광고의 중요성은 더 커지고 있다. 비교문화연구자 드 무이는 "글로벌한 제품은 있을 수 있지만 완벽히 글로벌한 인간은 있을 수 없다"고 말하기도 했다. 오랫동안 글로벌 광고 전문가들은 광고에서 감성 소구 방법이 이성 소구에 비해 세계인에게 보편적으로 받아들여진다고 생각해 왔지만 특정 문화권의 감정을 다른 문화권에 적용하면 동일한 효과를 얻기 어렵다는 사실이 속속 밝혀지고 있다. 일찍이 홉스테드는 문화권에 따른 문화적 가치관의 다섯 가지 차원을 제시했는데 권력 거리, 개인주의−집단주의, 남성성−여성성, 불확실성의 회피, 장기지향성이 그것이다. 그리고 이 다섯 가지 차원은 국가 간 비교 문화의 맥락에서 글로벌 광고 전략을 전개할 때 반드시 고려해야 하는 기본 전제가 된다.
> 그렇다면 글로벌 광고의 표현 기법에는 어떤 것들이 있을까? 글로벌 광고의 보편적 표현 기법은 크게 공개 기법, 진열 기법, 연상전이 기법, 수업 기법, 드라마 기법, 오락 기법, 상상 기법, 특수효과 기법 등 여덟 가지로 나눌 수 있다.

① 용어의 정의를 통해 논지에 대한 독자의 이해를 돕고 있다.
② 기존의 주장을 반박하는 방식으로 논지를 펼치고 있다.
③ 의문문을 사용함으로써 독자들로 하여금 호기심을 유발시키고 있다.
④ 전문가의 말을 인용함으로써 독자들로 하여금 글의 신뢰성으로 높이고 있다.

 ② 윗글에서는 기존의 주장을 반박하는 방식의 서술 방식은 찾아볼 수 없다.

39 다음 글의 내용과 일치하지 않는 것은?

> 걷기는 현대사회에서 새로운 웰빙 운동으로 각광받고 있다. 장소나 시간에 신경 쓸 필요 없이 언제 어디서든 쉽게 할 수 있기 때문이다. 하지만 사람들은 걷기가 너무 쉬운 운동인 탓에 걷기의 중요성을 망각하기 일쑤이다. 서울의 한 대형병원의 이모 교수는 "걷기는 남녀노소 누구나 아무런 장비도 없이 언제 어디서든 쉽게 할 수 있는 가장 좋은 운동이다. 특히 걷기는 최근 연구에 따르면 전속력으로 빨리 달리며 운동하는 것보다 몸의 무리는 적게 주면서 더 많은 칼로리를 소모할 수 있는 운동"이라며 걷기 예찬을 하고 있다. 하지만 걷기도 나름대로의 규칙을 가지고 있다. 걸을 때 허리는 꼿꼿이 펴고, 팔은 앞뒤로 힘차게 움직이고 속도는 자신이 걸을 수 있는 최대한 빠른 속도여야 한다. 이런 규칙을 어기고 그냥 평소처럼 걷는다면 그건 단순한 산책일 뿐이다.

① 걷기는 남녀노소 누구나 쉽게 할 수 있는 운동이다.
② 사람들은 걷기가 너무 쉽다는 이유로 걷기의 중요성을 쉽게 잊는다.
③ 제대로 걸을 경우 걷기는 빨리 달리며 운동하는 것보다 더 많은 칼로리를 소모할 수 있다.
④ 걷기는 규칙에 상관없이 평소 그냥 걷는 대로 걸으면 저절로 운동이 된다.

(Tip) ④ '하지만 걷기도 나름대로의 규칙을 가지고 있다. ~ 그건 단순한 산책일 뿐이다.'라는 내용을 통해 걷기에도 엄연히 규칙이 존재함을 알 수 있다.

40 다음은 기행문의 일부이다. 이 글을 통해 알 수 없는 내용은?

> 인천국제공항 광장에 걸린 '한민족의 뿌리를 찾자! 대한 고등학교 연수단'이라고 쓴 현수막을 보자 내 가슴은 마구 뛰었다. 난생 처음 떠나는 해외여행, 8월 15일 오후 3시 15분 비행기에 오르는 나는 한여름의 무더위도 잊고 있었다. 비행기가 이륙하자, 거대한 공항 청사는 곧 성냥갑처럼 작아졌고, 푸른 바다와 들판은 빙빙 돌아가는 듯했다. 비행기에서 내려다본 구름은 정말 아름다웠다. 뭉게뭉게 떠다니는 하얀 구름밭은 꼭 동화 속에서나 나옴직한 신비의 나라, 바로 그것이었다. '나는 지금 어디로 가고 있을까, 꿈속을 헤매는 영원한 방랑자가 된 걸까?'

① 여행의 동기와 목적
② 출발할 때의 감흥
③ 출발할 때의 날씨와 시간
④ 여행의 노정과 일정

① '한민족의 뿌리를 찾자! 대한 고등학교 연수단'이라는 현수막을 통해 여행의 동기와 목적을 알 수 있다.
② 가슴이 마구 뛰고, 난생 처음 떠나는 해외여행이라 무더위도 잊었다는 것에서 출발할 때의 감흥을 알 수 있다.
③ 8월 15일 오후 3시 15분, 한여름이라는 것을 알 수 있다.

41 다음 글을 통해 알 수 있는 내용으로 적절하지 않은 것은?

> 재판이란 법원이 소송 사건에 대해 원고·피고의 주장을 듣고 그에 대한 법적 판단을 내리는 소송 절차를 말한다. 오늘날과 마찬가지로 조선 시대에도 재판 제도가 있었다. 당시의 재판은 크게 송사(訟事)와 옥사(獄事)로 나뉘었다. 송사는 개인 간의 생활 관계에서 발생하는 분쟁의 해결을 위해 관청에 판결을 호소하는 것을 말하며, 옥사는 강도, 살인, 반역 등의 중대 범죄를 다스리는 일로서 적발, 수색하여 처벌하는 것을 말한다. 송사는 다시 옥송과 사송으로 나뉜다. 옥송은 상해 및 인격적 침해 등을 이유로 하여 원(元:원고), 척(隻:피고)간에 형벌을 요구하는 송사를 말한다. 이에 반해 사송은 원, 척 간에 재화의 소유권에 대한 확인, 양도, 변상을 위한 민사 관련 송사를 말한다. 그렇다면 당시에 이러한 송사나 옥사를 맡아 처리하는 기관은 어느 곳이었을까? 조선 시대는 입법, 사법, 행정의 권력 분립이 제도화되어 있지 않았기에 재판관과 행정관의 구별이 없었다. 즉 독립된 사법 기관이 존재하지 않았으므로 재판은 중앙의 몇몇 기관과 지방 수령인 목사, 부사, 군수, 현령, 현감 등과 관찰사가 담당하였다.

① 일반적인 재판의 정의
② 조선 시대 송사의 종류
③ 조선 시대 송사와 옥사의 차이점
④ 조선 시대 재판관과 행정관의 역할

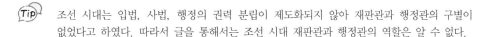 조선 시대는 입법, 사법, 행정의 권력 분립이 제도화되지 않아 재판관과 행정관의 구별이 없었다고 하였다. 따라서 글을 통해서는 조선 시대 재판관과 행정관의 역할은 알 수 없다.

Answer → 39.④ 40.④ 41.④

∥42~45∥ 다음 글을 읽고 물음에 답하시오.

2004년 초 미국항공우주국(NASA)은 혜성 '빌트2'에서 나온 우주 먼지를 포획하는 임무에 성공했다고 발표했다. 초속 50km로 움직이는 미세한 우주 먼지를 원형 그대로 붙잡기 위해서는 특별한 고안이 필요했다. 딱딱한 도구로 우주 먼지를 붙잡으려 하면 우주 먼지가 으스러져 버릴 것이기 때문이다. 그래서 선택된 것은 거품 형태의 물질이었다. '실리카에어로겔'이라 불리는 이 물질은 1㎤ 안에 수십억 개의 자잘한 그물망이 거품 모양으로 엉켜 있어서 빠른 속도로 움직이는 우주 먼지들을 낱낱이 거품 속으로 파고들게 해서 붙잡는 일을 성공적으로 수행했다.

이 실리카에어로겔은 어떻게 만들어졌을까. 이 물질의 출발점은 젤리였다. 1930년대 사무엘 키스틀러는 젤라틴에 과즙 따위의 액체를 넣어 만든 젤리가 찰랑거리면서도 형체를 유지하는 것에 관심을 가졌다. 그는 액체가 젤라틴으로 된 아주 가는 그물망 속에 가두어져 있다고 생각했다. 젤라틴은 원래 고체이지만 물 같은 액체에 닿으면 분자 결합이 느슨하게 풀려서 그물을 이루고 그 안에 물을 가두게 된다. 그물 안의 액체는 표면장력 때문에 바깥으로 새지 않는데, 이 상태에서 부드럽게 흔들면 젤리 전체가 찰랑거리게 된다.

그러나 키스틀러는 이 정도의 결론에 머무르지 않았다. 그는 다소 엉뚱한 상상을 했는데, 액체를 빼서 젤라틴 그물망만 남기기를 원했던 것이다. 그렇지만 문제는 액체가 증발하는 미약한 힘에도 젤라틴 그물망이 쉽게 쪼그라들어 버린다는 데 있었다. 이를 해결하기 위해 그는 물보다 쉽게 기화하는 알코올을 넣은 젤리를 압력 용기에 넣고 용기를 가열하여 끓는점을 넘도록 해서 젤리 속 액체가 그대로 기체가 되게 했다. 이는 기체와 액체가 같은 밀도와 구조를 이루어 서로 차이가 없어지는 온도, 곧 '임계온도'를 넘기면 액체가 영구기체(아무리 온도를 내리고 압력을 높여도 액체가 되지 않는 기체)가 되는 현상을 이용한 것이다. 이후 젤리에서 천천히 기체가 빠져나오게 하면 젤라틴 그물은 젤리였을 때의 모양대로 유지된다. 이로써 키스틀러는 ㉠젤라틴 겔을 만드는 데 성공했다.

더 나아가 그는 젤라틴이 아니라 다른 물질로도 겔을 만들고 싶어 했다. 그는 같은 원리를 이용하여 산화 알루미늄, 니트로셀룰로오스, 달걀의 알부민 등으로 겔을 만들었는데, 가장 대표적인 것은 유리의 주재료인 이산화규소(실리카)로 만든 겔이었다. 이 ㉡실리카에어로겔은 젤라틴 겔보다 단단하고 가벼웠다. 공기가 전체 부피의 99.8%를 차지하는, 세상에서 가장 가벼운 고체였다.

실리카에어로겔을 보면 아주 이상하게 느껴진다. 빛이 약한 곳에 두면 푸른 빛으로 보이고 밝은 곳에서는 거의 보이지 않는다. 이 겔이 푸른 빛으로 보이는 것은 빛이 공기에 부딪혀 꺾이는 '레일리 산란' 현상 때문이다. 이 현상은 하늘에서 볼 수 있는데, 파장이 짧은 푸른 빛이 노랑이나 빨강 빛보다 더 많이 꺾이기 때문에 하늘이 푸르게 보이는 것이다. 물론 레일리 산란 현상을 보려면 하늘처럼 엄청난 양의 공기가 필요하다. 하지만 적은 양의 공기가 천문학적인 수의 작은 내부 표면을 지닌 투명한 물질에 갇히게 되면 레일리 산란이 상대적으로 많이 일어나 빛의 색이 변할 수 있다. 이것이 실리카에어로겔이 푸르게 보이는 이유이다.

키스틀러는 실리카에어로겔의 쓰임새를 단열재로 보았다. 이 겔이 많은 겹의 유리층과 공기를 지니고 있기 때문이다. 이는 유리창을 약간씩 띄워서 겹겹이 배치하면 단열이 되는 것과 같은 이치이다. 물론 실제 유리창을 그렇게 배치하면 무겁고 거대해져서 별 효용이 없는 반면, 실리카에어로겔은 작고 가벼우면서도 단열을 효율적으로 할 수 있다. 그러나 1930년대는 아직 단열에 관심이 없는 시대였고, 만드는 비용도 비쌌기에 실리카에어로겔은 곧 잊히고 말았다.

그러나 키스틀러가 죽은 지 한참 뒤인 1990년대 후반에 우주선 단열재로 이 겔이 선택되었다. 매우 가볍고 단열 효과는 최고이기에, 무게를 줄여야 하고 극단적으로 높고 낮은 외부 온도에도 견뎌야 하는 우주선에 딱 들어맞는 소재였던 것이다. 그 다음의 쓰임새가 우주 먼지 포획이었다. 이후 과학자들은 실리카에어로젤이 포획한 혜성의 우주 먼지를 분석하여 태양계 형성의 비밀을 파헤치고 있다.

42 윗글의 내용과 일치하지 않는 것은?

① 우주선은 부피가 작고 고온에 잘 견디게 만든다.
② 표면장력이 젤리의 형태 유지에 중요한 역할을 한다.
③ 비용 문제로 실리카에어로젤은 건축에서 외면당했다.
④ 혜성의 우주 먼지는 태양계 형성 연구의 재료가 된다.

 ① 마지막 문단에서 '무게를 줄여야 하고 극단적으로 높고 낮은 외부 온도에도 견뎌야 하는 우주선'이라고 언급하고 있다. 즉, 우주선은 부피가 아니라 무게가 작고 고온과 저온에 잘 견디게 만든다.

43 ㉠에 대한 진술로 적절하지 않은 것은?

① 견고하지 않아서 충격에 약하다.
② 전체적으로 커다란 거품의 모양이다.
③ 속에 든 액체를 빼는 과정을 거쳐 만든다.
④ 적절한 열과 압력을 이용하여 만들어진다.

 ② '전체적으로 커다란 거품'의 모양이 아니라 '아주 가는 그물망이 거품 모양으로 엉켜 있는 것이다.

Answer⌐▶ 42.① 43.②

44 ⓛ의 특징으로 적절하지 않은 것은?

① 유리 성분이 주원료이므로 젤라틴 겔보다 형태 보존성이 좋다.

② 액체가 임계온도를 넘기면 기체로 변하는 현상을 이용하여 만들었다.

③ 빠른 속도로 움직이는 물체들을 한곳으로 모아서 원형 그대로 붙잡을 수 있다.

④ 고체 형태보다 그 속에 포함된 기체의 부피가 훨씬 커서 보기보다 매우 가볍게 느껴진다.

> (Tip) ③ 첫 번째 문단에서 '빠른 속도로 움직이는 우주 먼지들을 낱낱이 거품 속으로 파고들게 해서 붙잡는 일'이라고 언급하고 있다. 즉, 한곳으로 모아서 붙잡는 것은 아니다.

45 윗글의 내용을 바탕으로 추론한 것으로 적절하지 않은 것은?

① 과일 젤리를 가열하면 세밀한 그물망이 쭈그러들게 될 것이다.

② 알코올을 임계온도에 다다르게 하는 것은 물의 경우보다 쉬울 것이다.

③ 알부민으로 겔을 만들면 거품들이 뭉쳐진 모양으로 그물망이 형성될 것이다.

④ 빛을 세게 쪼이면 빛의 꺾임 현상이 겔 안에서 크게 일어나 푸르게 보일 것이다.

> (Tip) ④ 다섯 번째 문단에서 '빛이 약한 곳에 두면 푸른 빛으로 보이고 밝은 곳에서는 거의 보이지 않는다.'고 언급하고 있다.

∎46~50∎ [이야기 내용]과 [이야기에 관한 설명]을 보고 일치하는 것은 모두 몇 개인지 고르시오.

46

> [이야기 내용] 장애 아동을 위한 특수학교가 있다. 그 학교에는 키 성장이 멈추거나 더디어서 110cm 미만인 아동이 10명, 심한 약시로 꾸준한 치료와 관리가 필요한 아동이 10명 있다. 키가 110cm 미만인 아동은 모두 특수 스트레칭 교육을 받는다. 그리고 특수 스트레칭 교육을 받는 아동 중에는 약시인 아동은 없다. 이 학교에는 특수 영상장치가 설치된 학급은 한 개뿐이고, 약시인 어떤 아동은 특수 영상장치가 설치된 학급에서 교육을 받는다. 숙이, 철이, 석이는 모두 이 학교에 다니는 아동이다.
>
> [이야기에 관한 설명]
> 1. 이 학교의 총 학생 수는 20명이다.
> 2. 특수 스트레칭 교육을 받는 아동은 최소 10명이다.
> 3. 특수 스트레칭 교육을 받는 아동은 특수 영상장치가 설치된 학급에서 교육을 받는다.
> 4. 이 학교의 학급 수는 2개이다.
> 5. 석이의 키가 100cm라면, 석이는 약시가 아니다.
> 6. 숙이, 철이, 석이 모두 약시라면 세 사람은 같은 교실에서 교육을 받는다.

① 0개　　　　　　　　　　② 1개
③ 2개　　　　　　　　　　④ 3개

1. 키가 110cm 미만인 아동이 10명, 심한 약시인 아동이 10명 있지만, 이 학교의 총 학생 수가 20명인지는 알 수 없다. → ×
2. 키가 110cm 미만인 아동은 모두 특수 스트레칭 교육을 받는데, 이 학교에는 키가 110cm 미만인 아동이 10명 있으므로 특수 스트레칭 교육을 받는 아동은 최소 10명이다. → ○
3. 약시인 어떤 아동은 특수 영상장치가 설치된 학급에서 교육을 받는데, 특수 스트레칭 교육을 받는 아동 중에는 약시인 아동이 없으므로 특수 스트레칭 교육을 받는 아동은 특수 영상장치가 설치된 학급에서 교육을 받지 않는다. → ×
4. 이 학교의 학급 수는 알 수 없다. → ×
5. 석이의 키가 100cm라면, 석이는 특수 스트레칭 교육을 받고 약시가 아니다. → ○
6. 약시인 어떤 아동은 특수 영상장치가 설치된 학급에서 교육을 받으므로, 약시인 아동이라고 해서 모두 특수 영상장치가 설치된 학급에서 교육을 받는 것은 아니다. 따라서 숙이, 철이, 석이 모두 약시라도, 세 사람은 같은 교실에서 교육을 받는지는 알 수 없다. → ×

Answer → 44.③　45.④　46.③

47

[이야기 내용] 왼쪽 길은 마을로 가고, 오른쪽 길은 공동묘지로 가는 두 갈래로 나누어진 길 사이에 장승이 하나 있다. 이 장승은 딱 두 가지 질문만 받으며 두 질문 중 하나는 진실로, 하나는 거짓으로 답한다. 또한 장승이 언제 진실을 얘기할지 거짓을 얘기할지는 알 수 없다. 마을로 가기 위해 찾아온 길을 모르는 한 나그네가 규칙을 다 들은 후에 장승에게 다음과 같이 질문했다. "너는 장승이니?" 장승이 처음 질문에 대답한 후에 나그네가 다음 질문을 했다. "오른쪽 길로 가면 마을이 나오니?" 이어진 장승의 대답 후에 나그네는 한쪽 길로 사라졌다.

[이야기에 관한 설명]
1. 나그네가 마을로 가는 길을 찾을 수 있을지 없을지는 알 수 없다.
2. 장승이 처음 질문에 "그렇다."라고 대답하면 나그네는 마을을 찾아갈 수 없다.
3. 장승이 처음 질문에 "아니다."라고 대답하면 나그네는 마을을 찾아갈 수 없다.
4. 나그네는 장승을 만나기 전에는 마을로 가는 길을 몰랐다.
5. 나그네는 마을로 가는 길을 몰라 공동묘지로 갈 수도 있다.
6. 장승이 처음 질문에 무엇이라 대답하든 나그네는 마을을 찾아갈 수 있다.

① 0개   ② 1개
③ 2개   ④ 3개

 장승이 처음 질문에 "그렇다."라고 대답하면 그 대답은 진실이므로 두 번째 질문에 대한 대답은 반드시 거짓이 되고, 처음 질문에 "아니다."라고 대답하면 그 대답은 거짓이므로 두 번째 질문에 대한 대답은 반드시 진실이 된다. 따라서 장승이 처음 질문에 무엇이라 대답하든 나그네는 다음 질문의 대답이 진실인지 거짓인지 알 수 있으므로 마을로 가는 길이 어느 쪽인지 알 수 있다. 1~3→×, 6→○

4. 네 번째 문장에서 '마을로 가기 위해 찾아온 길을 모르는 한 나그네가 ~'라고 언급하고 있다. → ○

5. 나그네는 마을로 가기 위해 찾아왔으므로 장승에게 질문한 후 마을로 가는 길이 어느 쪽인지 알게 되면 공동묘지에 가지 않아도 된다. → ×

48

> [이야기 내용] A사에서 올해 출시한 카메라 P와 Q는 시중의 모든 카메라보다 높은 화소를 가졌고, 모든 카메라보다 가볍지는 않다. Q와 달리 P는 셀프카메라가 용이한 틸트형 LCD를 탑재하였으며 LCD 터치 조작이 가능하다. 이처럼 터치조작이 가능한 카메라는 A사에서 밖에 제작되지 않는다. Q는 P에 비해 본체 사이즈가 크지만 여러 종류의 렌즈를 바꿔 끼울 수 있고, 무선 인터넷을 통해 SNS 등으로 바로 사진을 옮길 수 있다.
>
> [이야기에 관한 설명]
> 1. P와 Q는 서로 다른 화소를 가졌다.
> 2. 터치조작이 가능한 카메라는 P뿐이다.
> 3. Q는 다양한 렌즈를 사용할 수 있다.
> 4. P보다 가벼운 카메라는 존재하지 않는다.
> 5. P와 Q는 같은 회사에서 출시되었다.
> 6. Q는 무선 인터넷 접속이 가능하다.

① 0개   ② 1개

③ 2개   ④ 3개

1. P와 Q는 시중의 모든 카메라보다 높은 화소를 가졌다고 하였으므로 두 카메라의 화소는 같다. → ×
2. 터치조작이 가능한 카메라는 A사에서 밖에 제작되지 않는다고 하였지만, A사에서 나오는 다른 카메라들 중 P 외에 터치조작이 가능한 다른 카메라가 있을 수 있다. → ×
3. 'Q는 P에 비해 본체 사이즈가 크지만 여러 종류의 렌즈를 바꿔 끼울 수 있고 ~'를 통해 Q는 다양한 렌즈를 사용할 수 있음을 알 수 있다. → ○
4. '모든 카메라보다 가볍지는 않다.'고 하였으므로 P보다 가벼운 카메라가 존재한다. → ×
5. P와 Q는 모두 A사에서 출시되었다. → ○
6. 마지막 문장에서 'Q는 ~ 무선 인터넷을 통해 SNS 등으로 바로 사진을 옮길 수 있다.'라고 하였으므로 일치한다. → ○

Answer ⇨ 47.③　48.④

49

[이야기 내용] A국의 역사를 보면 갑, 을, 병, 정의 네 나라가 시대 순으로 연이어 존재했다. 네 나라의 수도는 각각 달랐는데 관주, 금주, 평주 한주 중 하나였다. 한주가 수도인 나라는 평주가 수도인 나라의 바로 전 시기에 있었고, 금주가 수도인 나라는 관주가 수도인 나라의 바로 다음 시기에 있었으나, 정보다는 이전 시기에 있었다. 병은 가장 먼저 있었던 나라는 아니지만, 갑보다 이전 시기에 있었다. 병과 정은 시대 순으로 볼 때 연이어 존재하지 않았다.

[이야기에 관한 설명]
1. 금주는 갑의 수도이다.
2. 관주는 병의 수도이다.
3. 평주는 정의 수도이다.
4. 을은 갑의 다음 시기에 존재하였다.
5. 평주는 가장 마지막에 존재한 나라의 수도이다.
6. 을과 병은 연이어 존재했다.

① 0개   ② 1개

③ 2개   ④ 3개

 한주가 수도인 나라는 평주가 수도인 나라의 바로 전 시기에 있었고, 금주가 수도인 나라는 관주가 수도인 나라 바로 다음 시기에 있었으나 정보다는 이전 시기에 있었으므로 수도는 관주 > 금주 > 한주 > 평주 순임을 알 수 있다. 병은 가장 먼저 있었던 나라는 아니지만, 갑보다 이전 시기에 있었으므로 두 번째나 세 번째가 되는데, 병과 정이 시대 순으로 볼 때 연이어 존재하지 않았으므로 을 > 병 > 갑 > 정이 되어야 한다. 따라서 나라와 수도를 연결해 보면, 을 – 관주, 병 – 금주, 갑 – 한주, 정 – 평주가 되며 [이야기 내용]과 일치하는 것은 3, 5, 6이다.

50

> [이야기 내용] 어떤 회사의 사원 평가 결과 모든 사원이 최우수, 우수, 보통 중 한 등급으로 분류되었다. 최우수에 속한 사원은 모두 45세 이상이었다. 35세 이상의 사원은 우수에 속하거나, 자녀를 두고 있지 않았다. 우수에 속한 사원은 아무도 이직경력이 없다. 보통에 속한 사원은 모두 대출을 받고 있으며, 무주택자인 사원 중에는 대출을 받고 있는 사람이 없다. 이 회사의 직원 A는 자녀가 있으며 이직경력이 있는 사원이다.
>
> [이야기에 관한 설명]
> 1. A는 35세 미만이다.
> 2. A는 45세 이상이다.
> 3. A는 무주택자이다.
> 4. A는 주택을 소유하고 있다.
> 5. A는 사원 평가 결과 보통에 해당한다.
> 6. A는 대출을 받고 있다.

① 1개 ② 2개

③ 3개 ④ 4개

 마지막 단서에서 추론을 시작하면, 직원 A는 이직경력이 있기 때문에 사원 평가 결과가 우수에 속하지 않는다. 따라서 최우수 또는 보통인데, 35세 이상의 사원은 우수에 속하거나 자녀를 두고 있지 않았으므로 자녀를 두고 있는 A는 35세 미만임을 알 수 있다. 최우수에 속한 사원은 모두 45세 이상이었으므로 A의 사원 평가 결과는 보통이며, 다섯 번째 문장에 따라 대출을 받고 있는 주택 소유자이다. 정리하면, 직원 A는 35세 미만의 주택 소유자로 대출을 받고 있으며 사원 평가 결과는 보통이다.

┃51~60┃ 주어진 지문을 읽고 다음에 제시된 문장이 참이면 ①, 거짓이면 ②, 주어진 지문으로 알 수 없으면 ③을 선택하시오.

51

> 가마우지는 가마우지과에 속하는 바닷새로 우리나라에는 가마우지 · 민물가마우지 · 쇠가마우지 등 3종이 알려져 있지만 세계적으로는 30종이 보고되어 있다. 몸 색깔은 암수 흑색에 남녹색의 금속광택이 있고, 부리의 주위에서 눈의 주위는 피부가 노출되어 황색 피부의 노출부의 바깥쪽과 얼굴 및 목은 흰색에 녹흑색의 작은 반점이 있다. 가마우지의 알은 담청색에 반점이 없고 표면은 대부분 백색의 석회질로 덮여 있는데 그 모양은 긴 타원형이다. 가마우지류는 집단으로 번식하고 집단으로 이동하는 사회성이 높은 새로 번식기에는 수컷이 집 재료를 모으고 암컷이 집을 짓는데, 주로 바위 위에 지으며 마른풀이나 해초를 주재료로 쓴다. 산란기는 5월 하순에서 7월로 한배의 산란 수는 4, 5개이다. 먹이는 주로 물고기로 어미가 먹이를 집에 가져오면 새끼는 어미의 입속에 머리를 깊이 박고 꺼내 먹는다. 우리나라 · 일본 · 대만 등지에 분포하며, 우리나라에서는 특히 울릉도와 제주도에 많이 서식한다. 「동의보감」에 의하면 가마우지의 성(性)이 냉하고 유독하므로 뜨거운 물이나 불에 덴 데에 약으로 쓰는데 물가의 돌 위에 똥이 자색의 꽃처럼 되어 있어 이것을 긁어모아 기름에 섞어서 바른다고 하였다. 또, 어린이의 감질(젖먹이의 조절을 잘못하여 체하여 생기는 병)에는 이것을 분말로 갈아서 멧돼지 간을 구워 찍어 먹으면 특효가 있다고 하였다.

51-1 가마우지는 우리나라에서 천연기념물로 지정되어 있다.   ① ② ③

51-2 가마우지의 부리는 반점이 없고 표면이 대부분 백색의 석회질로 덮여 있다.   ① ② ③

51-3 가마우지는 번식기를 제외하고는 보통 단독생활을 한다.   ① ② ③

 51-1 위 지문을 통해서는 알 수 없다.

51-2 반점이 없고 표면이 대부분 백색의 석회질로 덮여 있는 것은 가마우지의 알이다.

51-3 가마우지류는 집단으로 번식하고 집단으로 이동하는 사회성이 높은 새이다.

52

> 가문소설은 가문 간의 갈등과 가문 내 구성원 간의 애정 문제 등을 주제로 하여 창작한 고전소설로 방대한 분량의 장편형식으로 이루어져 있다. 가문소설이 조선 후기 정조 때를 전후하여 발전했기 때문에 근대적 성격이 나타나고 있지만 그 중심 내용은 가문 창달을 목적으로 하고 있다. 그 목적의 중요 요소는 대부분 사대부 가문의 복고를 통하여 실학자 및 평민에 맞서는 요소로써 정조 이후 붕괴되어 가는 중앙집권화에의 재건과 퇴폐해 가는 강상(삼강과 오상. 곧 사람이 지켜야 할 도리)의 회복을 위한 목적의식이 뚜렷한 소설이다. 당시 정조의 문풍쇄신운동의 일환으로 유교윤리 회복을 위한 실천을 통해 유가적 질서 회복을 위하여 자생한 것이 보학과 가전문학 사업이었는데 가문소설은 이러한 배경에서 나타난 것이다. 가문소설의 명칭은 가계소설·연대기소설·세대기소설·가족사소설·가문소설 등으로도 불리며 또한 별전이 연작되는 시리즈 소설이라는 점에서 연작소설 또는 별전소설 등으로도 불렸다.

52-1 가문소설은 정조의 문풍쇄신운동의 일환인 가전문학(家傳文學) 사업을 배경으로 나타났다.
① ② ③

52-2 가문소설은 목적의식이 뚜렷한 소설로 대부분 가문 창달을 목적으로 하고 있다. ① ② ③

52-3 가문소설의 대표적인 작품으로 염상섭의 「삼대」, 최만식의 「태평천하」 등이 있다. ① ② ③

(Tip) 52-1 정조의 문풍쇄신운동의 일환으로 보학과 가전문학 사업이 자생하였는데 가문소설은 이러한 배경으로 나타난 것이다.

52-2 가문소설은 조선 후기의 근대적인 성격을 띠고 있지만 그 중심 내용은 여전히 가문 창달을 목적으로 하고 있다. 또한 정조 이후 붕괴되어 가는 중앙집권화에의 재건과 퇴폐해 가는 강상의 회복을 위한 목적의식이 뚜렷한 소설이다.

52-3 위 지문을 통해서는 알 수 없다.

Answer⤷ 51-1.③ 51-2.② 51-3.② 52-1.① 52-2.① 52-3.③

53

논증은 크게 연역과 귀납으로 나뉜다. 전제가 참이면 결론이 확실히 참인 연역 논증은 결론에서 지식이 확장되는 것처럼 보이지만, 실제로는 전제에 이미 포함된 결론을 다른 방식으로 확인하는 것일 뿐이다. 반면 귀납 논증은 전제들이 모두 참이라고 해도 결론이 확실히 참이 되는 것은 아니지만 우리의 지식을 확장해 준다는 장점이 있다. 여러 귀납 논증 중에서 가장 널리 쓰이는 것은 수많은 사례들을 관찰한 다음에 그것을 일반화하는 것이다. 우리는 수많은 까마귀를 관찰한 후에 우리가 관찰하지 않은 까마귀까지 포함하는 '모든 까마귀는 검다.'라는 새로운 지식을 얻게 되는 것이다.

철학자들은 과학자들이 귀납을 이용하기 때문에 과학적 지식에 신뢰를 보낼 수 있다고 생각했다. 그러나 모든 귀납에는 논리적인 문제가 있다. 수많은 까마귀를 관찰한 사례에 근거해서 '모든 까마귀는 검다.'라는 지식을 정당화하는 것은 합리적으로 보이지만, 아무리 치밀하게 관찰하여도 아직 관찰되지 않은 까마귀 중에서 검지 않은 까마귀가 있을 수 있기 때문이다.

포퍼는 귀납의 논리적 문제는 도저히 해결할 수 없지만, 귀납이 아닌 연역만으로 과학을 할 수 있는 방법이 있으므로 과학적 지식은 정당화될 수 있다고 주장한다. 어떤 지식이 반증 사례 때문에 거짓이 된다고 추론하는 것은 순전히 연역적인데, 과학은 이 반증에 의해 발전하기 때문이다.

53-1 수많은 까마귀를 관찰한 사례에 근거해서 '모든 까마귀는 검다.'라는 지식을 정당화하는 것은 논리적인 문제를 갖고 있다.　① ② ③

53-2 수많은 까마귀를 관찰한 후에 관찰하지 않은 까마귀까지 포함하는 '모든 까마귀는 검다.'라는 새로운 지식을 얻는 것은 연역 논증이다.　① ② ③

53-3 포퍼는 아무리 반증을 해 보려 해도 경험적인 반증이 아예 불가능한 지식은 과학적 지식이 될 수 없다고 비판했다.　① ② ③

 53-1 그러나 모든 귀납에는 논리적인 문제가 있다. 수많은 까마귀를 관찰한 사례에 근거해서 '모든 까마귀는 검다.'라는 지식을 정당화하는 것은 합리적으로 보이지만, 아무리 치밀하게 관찰하여도 아직 관찰되지 않은 까마귀 중에서 검지 않은 까마귀가 있을 수 있기 때문이다.

53-2 여러 귀납 논증 중에서 가장 널리 쓰이는 것은 수많은 사례들을 관찰한 다음에 그것을 일반화하는 것이다. 우리는 수많은 까마귀를 관찰한 후에 우리가 관찰하지 않은 까마귀까지 포함하는 '모든 까마귀는 검다.'라는 새로운 지식을 얻게 되는 것이다.

53-3 위 지문을 통해서는 알 수 없다.

54

정부는 공공의 이익을 위해 정책을 기획·수행하여 유형 또는 무형의 생산물인 공공 서비스를 공급한다. 공공 서비스의 특성은 배제성과 경합성의 개념으로 설명할 수 있다. 배제성은 대가를 지불하여야 사용이 가능한 성질을 말하며, 경합성은 한 사람이 서비스를 사용하면 다른 사람은 사용할 수 없는 성질을 말한다. 이러한 배제성과 경합성의 정도에 따라 공공 서비스의 특성이 결정된다. 예를 들어 국방이나 치안은 사용자가 비용을 직접 지불하지 않고 여러 사람이 한꺼번에 사용할 수 있으므로 배제성과 경합성이 모두 없다. 이에 비해 배제성은 없지만, 많은 사람이 한꺼번에 사용하는 것이 불편하여 경합성이 나타나는 경우도 있다. 무료로 이용하는 공공 도서관에서 이용자가 많아 도서 열람이나 대출이 제한될 경우가 이에 해당한다.

과거에는 공공 서비스가 경합성과 배제성이 모두 약한 사회기반 시설 공급을 중심으로 제공되었다. 이런 경우 서비스 제공에 드는 비용은 주로 세금을 비롯한 공적 재원으로 충당을 한다. 하지만 복지와 같은 개인 단위 공공 서비스에 대한 사회적 요구가 증가함에 따라 관련 공공 서비스의 다양화와 양적 확대가 이루어지고 있다. 이로 인해 정부의 관련 조직이 늘어나고 행정 업무의 전문성 및 효율성이 떨어지는 문제점이 나타나기도 한다. 이 경우 정부는 정부 조직의 규모를 확대하지 않으면서 서비스의 전문성을 강화할 수 있는 민간 위탁 제도를 도입할 수 있다. 민간 위탁이란 공익성을 유지하기 위해 서비스의 대상이나 범위에 대한 결정권과 서비스 관리의 책임을 정부가 갖되, 서비스 생산은 민간 업체에게 맡기는 것이다.

54-1 국방의 경우 배재성은 없지만 경합성이 나타난다.　①②③

54-2 민간 위탁 방식으로는 경쟁 입찰 방식, 면허 발급 방식, 보조금 지급 방식 등이 있다.　①②③

54-3 민간 위탁 제도에 의한 공공 서비스 제공의 성과는 정확히 측정하기 어려운 경우가 많아서 평가와 개선이 지속적으로 이루어지지 않으면 오히려 공익을 저해할 수 있다.　①②③

 54-1 국방이나 치안은 사용자가 비용을 직접 지불하지 않고 여러 사람이 한꺼번에 사용할 수 있으므로 배제성과 경합성이 모두 없다.
54-2 위 지문을 통해서는 알 수 없다.
54-3 위 지문을 통해서는 알 수 없다.

Answer ⟶ 53-1.① 53-2.② 53-3.③ 54-1.② 54-2.③ 54-3.③

조선 성리학자들은 '세계를 어떻게 바라보고, 자신이 추구하는 삶을 어떻게 실현할 것인가'하는 문제와 관련하여 지(知)와 행(行)에 깊은 관심을 기울였다. 그들은 특히 도덕적 실천과 결부하여 지와 행의 문제를 다루었는데, 그 기본적인 입장은 '지행병진(知行竝進)'이었다. 그들은 지와 행이 서로 선후(先後)가 되어 돕고 의지하면서 번갈아 앞으로 나아가는 '상자호진(相資互進)' 관계에 있다고 생각했다. 또한 만물의 이치가 마음에 본래 갖추어져 있다고 여기고 도덕적 수양을 통해 그 이치를 찾고자 하였다.

18세기에 들어 일부 실학자들은 지행론에 대해 새롭게 접근하였다. 홍대용은 지와 행의 병진을 전제하면서도, 도덕적 수양 외에 사회적 실천의 측면에서 행을 바라보았다. 그는 이용후생의 중요성을 강조하여 민생을 풍요롭게 하는데 관심을 기울였다. 그에게 지는 도덕 법칙만이 아닌 실용적인 지식을 포함하는 것이었으며, 행이 지보다 더욱 중요한 것이었다.

19세기 학자 최한기는 본격적으로 지행론을 변화시켰다. 그는 행을 생리 반응, 감각 활동, 윤리 행동을 포함하는 일체의 경험으로 이해하고, 지를 경험을 통해 얻어지는 객관적인 지식으로 규정하였다. 그는 선천적인 지식이 따로 없고 모든 지식이 경험을 통해 산출된다고 보아 '선행후지(先行後知)'를 제시하고, 행이 지보다 우선적인 것임을 강조하였다.

55-1 조선 성리학자들은 '지행병진(知行竝進)'의 입장으로 지와 행이 '상자호진(相資互進)' 관계에 있다고 생각했다.   ① ② ③

55-2 조선 성리학자들, 실학자들, 최한기의 서로 다른 지행론은 그들의 학문 목표와 관련이 있다.
① ② ③

55-3 18세기 모든 실학자들은 도덕적 수양 외에 사회적 실천의 측면에서 행을 바라보았다.   ① ② ③

 55-1 그 기본적인 입장은 '지행병진(知行竝進)'이었다. 그들은 지와 행이 서로 선후(先後)가 되어 돕고 의지하면서 번갈아 앞으로 나아가는 '상자호진(相資互進)' 관계에 있다고 생각했다.

55-2 위 지문을 통해서는 알 수 없다.

55-3 홍대용은 지와 행의 병진을 전제하면서도, 도덕적 수양 외에 사회적 실천의 측면에서 행을 바라보았다.

56

강강술래는 전라남도 서남해안지방에서 전승되는 민속놀이로 중요무형문화재 제8호이다. 주로 해남·완도·무안·진도 등 전라남도 해안일대에서 성행되어 온 이 놀이는 노래와 무용 그리고 놀이가 혼합된 부녀자들의 놀이로 주로 추석날 밤에 행해지며 정월대보름날 밤에 하기도 한다. 명칭은 '강강수월래' 또는 한자로 '强羌水越來(강강수월래)'로 표기하는 일도 있으나 '강강술래'가 일반적이다. 그러나 진양조로 느리게 노래를 부를 때는 '강강수월래'로 길게 발음된다. 기원에 대해서는 여러 설이 전하고 있는데 그 중 대표적인 것은 이순신과 관련되어 있다. 임진왜란 당시 이순신이 해남 우수영에 진을 치고 있을 때 적군에 비하여 아군의 수가 매우 적자 이순신은 마을 부녀자들을 모아 남자차림을 하게하고 옥매산 허리를 빙빙 돌도록 하였다. 바다에서 이를 본 왜병은 이순신의 군사가 한없이 계속해서 행군하는 것으로 알고 미리 겁을 먹고 달아났다고 한다. 이런 일이 있은 뒤로 근처의 마을 부녀자들이 서로 손을 잡고 빙빙 돌면서 춤을 추던 관행이 강강술래로 정착되었다는 것이다. 따라서 강강술래의 기원은 이순신의 창안에서 비롯되었다는 주장이 있다. 그러나 강강술래는 원시시대의 부족이 달밤에 축제를 벌여 노래하고 춤추던 유습(풍습)에서 비롯된 민속놀이라고 보는 것이 타당하다. 고대로부터 우리나라 사람들은 달의 운행원리에 맞추어 자연의 흐름을 파악하였고 따라서 우리나라 세시풍속에서 보름달이 차지하는 위치는 가장 중요한 것이었기 때문이다. 즉, 달이 가장 밝은 추석날이나 정월대보름날이면 고대인들은 축제를 벌여 춤과 노래를 즐겼고 이것이 정형화되어 강강술래로 전승된 것으로 보는 것이 합리적이다.

56-1 강강술래는 그 기원에 대해 여러 설이 있지만 그 중에서 가장 타당한 것은 임진왜란 당시 이순신과 관련되 설이라 할 수 있다.　① ② ③

56-2 강강술래는 주로 전라남도 해안일대에서 성행되어 온 민속놀이로 현재 중요무형문화재 제8호로 지정되어 있다.　① ② ③

56-3 한자로 '强羌水越來(강강수월래)'로 표기하고 이를 '강한 오랑캐가 물을 건너온다.'라고 해석하는 것은 이순신과 관련된 일화에서 비롯되었다.　① ② ③

 56-1 강강술래는 그 기원에 대해 여러 설이 있지만 그 중에서 가장 타당한 것은 원시시대의 부족이 달밤에 축제를 벌여 노래하고 춤추던 유습(풍습)에서 비롯된 민속놀이라고 보는 것이다.
56-2 강강술래는 주로 해남·완도·무안·진도 등 전라남도 해안일대에서 성행되어 온 민속놀이로 중요무형문화재 제8호이다.
56-3 위 지문을 통해서는 알 수 없다.

57

콩으로 메주를 쑤어 소금물에 담근 뒤 그 즙액을 달여서 만든 장을 간장이라고 하는데 이것은 음식의 간을 맞추는 기본양념으로 짠맛·단맛·감칠맛 등이 복합된 독특한 맛과 함께 특유의 향을 지니고 있다. 간장은 농도에 따라 진간장·중간장·묽은간장으로 나눌 수 있다. 이것은 각각 짠맛·단맛의 정도와 빛깔이 다르므로 음식에 따라 쓰이는 용도가 각기 다르다. 담근 햇수가 1~2년 정도 되는 묽은 간장은 국을 끓이는 데 쓰이고 중간장은 찌개나 나물을 무치는 데 쓰이며 담근 햇수가 5년 이상 되어 오래된 진간장은 달고 가무스름하여 약식이나 전복초 등을 만드는 데 사용되었다. 예로부터 간장 담그는 일은 가정의 중요한 연중행사로 여겨져 메주 만들기·메주 띄우기·장 담그기·장 뜨기 등의 행사가 초겨울부터 이듬해 초여름까지 계속되었고 간장 맛이 좋아야 음식 맛을 낼 수 있다 하여 장을 담글 때는 반드시 길일을 택하고 부정을 금하였으며 재료의 선정 때는 물론이고 저장 중의 관리에도 세심한 주의를 기울였다. 이러한 간장은 고구려 고분인 안악3호분의 벽화에 우물가에 장독대가 보이고「삼국사기」에는 683년(신문왕 3)에 왕비 맞을 때의 폐백품목으로 간장과 된장이 기록되어 있는 것으로 미루어 삼국시대에 이미 장류가 사용되었음을 알 수 있다. 그리고「고려사」식화지에는 1018년(현종 9)에 거란의 침입으로 굶주림과 추위에 떠는 백성들에게 소금과 장을 나누어 주었다는 기록과 함께 1052년(문종 6)에는 개경의 굶주린 백성 3만 여명에게 쌀·조·된장을 내렸다는 기록이 있어 고려시대에는 이미 장류가 일반 백성들의 기본식품으로 자리 잡았음을 알 수 있다. 간장은 또한 부종이 일어나지 않게 하고 기력을 유지하는 데 효과가 있다 하여「구황촬요」·「구황절요」등 구황식품서에도 콩 대용으로 콩잎을 이용한 흉년기의 장제조법을 자세하게 기록하였다.

57-1 고구려 고분인 '안악3호분'의 벽화나「삼국사기」의 기록으로 미루어 볼 때 삼국시대 때 간장은 지배층들만 접할 수 있는 귀한 음식이었음을 알 수 있다.   ① ② ③

57-2 간장은 크게 진간장·중간장·묽은간장으로 나눌 수 있는데 이 중 국을 끓이는 데 사용된 간장은 묽은 간장이다.   ① ② ③

57-3 예로부터 우리 선조들은 장 담그는 일을 가정의 중요한 연중행사로 여겨 이와 관련된 메주 만들기·메주 띄우기·장 담그기·장 뜨기 등의 행사는 반드시 정월대보름 전후로 실시하였다.   ① ② ③

    57-1 위 지문을 통해서는 알 수 없다.

　　　57-2 간장은 농도에 따라 진간장·중간장·묽은간장으로 나눌 수 있고 이 중 담근 햇수가 1~2년 정도 되는 묽은 간장은 국을 끓이는 데 사용되었다.

　　　57-3 예로부터 간장 담그는 일은 가정의 중요한 연중행사로 여겨져 메주 만들기·메주 띄우기·장 담그기·장 뜨기 등의 행사가 초겨울부터 이듬해 초여름까지 계속되었다.

58

음성 인식 기술은 컴퓨터가 사람이 말하는 소리를 인식하여 해당 문자열로 바꾸는 기술이다. 사람의 말은 음소들의 시간적 배열로 볼 수 있다. 컴퓨터는 각 단어의 음소들의 배열을 '기준 패턴'으로 미리 저장해 두고, 이를 입력된 음성에서 추출한 '입력 패턴'과 비교하여 단어를 인식한다.

음성을 인식하기 위해서 먼저 입력된 신호에서 잡음을 제거한 후 음성 신호만 추출한다. 그런 다음 음성 신호를 하나의 음소로 판단되는 구간인 '음소 추정 구간'들의 배열로 바꾸어 준다. 그런데 음성 신호를 음소 단위로 정확히 나누는 것은 쉽지 않다. 이를 해결하기 위해 먼저 음성 신호를 일정한 시간 간격의 '단위 구간'으로 나누고, 이 단위 구간 하나만으로 또는 연속된 단위 구간을 이어 붙여 음소 추정 구간들을 만든다.

음성의 비교는 음소 단위로 이루어지는데 음소 추정 구간에 해당하는 음소를 알아내기 위해서 각 구간에서 '특징 벡터'를 추출한다. 각 음소 추정 구간에서 추출하는 특징 벡터는 1개이다. 특징 벡터는 음소를 구별하는 데 필요한 정보를 수치로 나타낸 것으로, 음소 추정 구간의 길이에 상관없이 1개로만 추출된다. 특징 벡터는 음소의 특성을 잘 나타내는 정보들을 이용하지만 사람마다 다른 특성을 보이는 정보는 사용하지 않는다. 사용하는 정보의 가짓수가 많을수록 음소를 더 정확하게 인식할 수 있지만 그만큼 필요한 연산량이 많아져 처리 시간은 길어진다.

음성을 인식하려면 입력 패턴의 특징 벡터와 기준 패턴의 특징 벡터를 비교해야 한다. 이를 위해서 음소 추정 구간이 비교하려는 기준 패턴의 음소 개수와 동일한 개수가 되도록 단위 구간을 조합한다. 그리고 각 음소 추정 구간에서 추출된 특징 벡터를 구간 순서대로 배열하여 입력 패턴을 생성한다.

58-1 음성 인식 기술은 '기준 패턴'을 '입력 패턴'과 비교하여 단어를 인식하는 기술이다. ① ② ③

58-2 특징 벡터에서 사용하는 정보의 가짓수가 많을수록 음소를 더 정확하게 인식할 수 있고 처리 시간이 짧아진다. ① ② ③

58-3 단위 구간의 시간 간격을 짧게 하여 그 개수를 늘리면 음소 추정 구간을 잘못 설정하여 발생하는 오류를 줄일 수 있다. ① ② ③

58-1 컴퓨터는 각 단어의 음소들의 배열을 '기준 패턴'으로 미리 저장해 두고, 이를 입력된 음성에서 추출한 '입력 패턴'과 비교하여 단어를 인식한다.

58-2 사용하는 정보의 가짓수가 많을수록 음소를 더 정확하게 인식할 수 있지만 그만큼 필요한 연산량이 많아져 처리 시간은 길어진다.

58-8 위 지문을 통해서는 알 수 없다.

59

일반적으로 동식물에서 종(種)이란 '같은 개체끼리 교배하여 자손을 남길 수 있는' 또는 '외양으로 구분이 가능한' 집단을 뜻한다. 그렇다면 세균처럼 한 개체가 둘로 분열하여 번식하며 외양의 특징도 많지 않은 미생물에서는 종을 어떤 기준으로 구분할까?

미생물의 종 구분에는 외양과 생리적 특성을 이용한 방법이 사용되기도 한다. 하지만 이러한 특성들은 미생물이 어떻게 배양되는지에 따라 변할 수 있으며, 모든 미생물에 적용될 만한 공통적 요소가 되기도 어렵다. 이런 문제를 극복하기 위해 오늘날 미생물 종의 구분에는 주로 유전적 특성을 이용하고 있다. 미생물의 유전체는 DNA로 이루어진 많은 유전자로 구성되는데, 특정 유전자를 비교함으로써 미생물들 간의 유전적 관계를 알 수 있다. 종의 구분에는 서로 간의 차이를 잘 나타내 주는 유전자를 이용한다. 유전자 비교를 통해 미생물들이 유전적으로 얼마나 가깝고 먼지를 확인할 수 있는데, 이를 '유전 거리'라 한다. 유전 거리가 가까울수록 같은 종으로 묶일 가능성이 커진다.

하지만 유전자 비교로 확인한 유전 거리만으로는 두 미생물이 같은 종에 속하는지를 명확히 판별하기 어렵다. 특정 유전자가 해당 미생물의 전체적인 유전적 특성을 대변하지는 못하기 때문이다.

59-1 세균의 종 구분에는 외양과 생리적 특성을 이용한 방법만이 사용된다. ① ② ③

59-2 '유전 거리'는 미생물들이 유전적으로 얼마나 가깝고 먼가에 대한 것이다. ① ② ③

59-3 유전 거리를 사용한 방식의 문제는 미생물들 간의 유전체 유사도를 측정하는 방법으로 해결할 수 있다. ① ② ③

Tip 59-1 이런 문제를 극복하기 위해 오늘날 미생물 종의 구분에는 주로 유전적 특성을 이용하고 있다.
59-2 유전자 비교를 통해 미생물들이 유전적으로 얼마나 가깝고 먼지를 확인할 수 있는데, 이를 '유전 거리'라 한다.
59-3 위 지문을 통해서는 알 수 없다.

60

기업이 자사 상품의 재고량을 어느 수준으로 유지해야 하는가는 각 기업이 처한 상황에 따라 달라진다. 우선 그림 (개)에서는 기업이 생산량 수준을 일정하게 유지하면서 재고를 보유하는 경우를 나타낸다. 수요량에 맞추어 생산량을 변동하려면 노동자와 기계가 쉬거나 초과 근무를 하는 경우가 발생할 수 있으며, 이 경우 생산 비용이 상승할 수 있다. 따라서 기업은 생산량을 일정하게 유지하는 것을 선호하며, 이때 생산량과 수요량의 차이가 재고량을 결정한다. 즉 판매가 저조할 때에는 재고량이 늘고 판매가 활발할 때에는 재고량이 줄게 된다.

그런데 기업에 따라 그림 (나)와 같은 경우도 발견된다. 이러한 기업들의 생산량과 수요량의 관계를 분석해 보면, 수요량이 증가할 때 생산량이 증가하고 수요량이 감소할 때 생산량도 감소하는 경향을 보이며, 생산량의 변동이 수요량의 변동에 비해 오히려 더 크다.

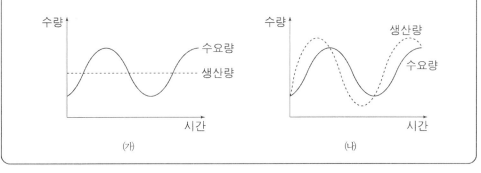

(가)   (나)

60-1 (나) 전략을 선택하는 기업은 (개) 전략을 선택하는 기업에 비해, 기업의 제품 당 생산 비용이 생산량에 의해 크게 영향을 받지 않을 것이다.   ① ② ③

60-2 그래프에서 점선과 실선 사이의 면적이 재고량을 나타낸다.   ① ② ③

60-3 수요량의 변화에 더 민감하게 반응하는 것은 (개)이다.   ① ② ③

  60-1 (개)를 선택하는 기업은 생산 비용 상승을 막기 위해 생산량을 일정하게 유지하는 것을 선호한다. 하지만 (나)를 선택하는 기업은 생산 비용에 영향을 받지 않기 때문에 수요량에 따라 생산량의 변동이 이루어진다는 것을 알 수 있다.

60-2 생산량과 수요량의 차이가 재고량을 결정한다고 했으므로, 그래프에서 나타내면 점선과 실선 사이의 면적이 재고량을 나타내고 있다는 것을 알 수 있다.

60-3 수요량에 따라 생산량이 빠르게 증감하는 것은 (나)이다.

02 수리능력

출제방향

수리능력은 총 20문항을 20분에 걸쳐서 진행한다. 문제 출제 유형은 크게 응용수리와 자료해석 유형으로 구분되며, 비중은 응용수리가 조금 더 높은 정도이다. 난도가 높은 편은 아니지만, 거리/시간/속도, 농도, 일의 양, 나이계산, 원금과 이자, 원가와 이익률, 증감률, 확률과 경우의 수 등 기본적인 공식은 다시 한 번 확실하게 점검해 볼 필요가 있다. 또한 다양한 유형의 문제 풀이를 통해 빠르고 정확하게 계산하는 연습이 필요하다.

1   수산물 통조림 생산업체인 '강한 수산'은 A, B 2개의 생산라인에서 통조림을 생산한다. 2개의 생산라인을 하루 종일 가동할 경우 3일 동안 525개의 통조림을 생산할 수 있으며, A라인만을 가동하여 생산할 경우 90개/일의 통조림을 생산할 수 있다. A라인만을 가동하여 5일간 제품을 생산하고 이후 2일은 B라인만을, 다시 추가로 2일간은 A, B라인을 함께 가동하여 생산을 진행한다면, 강한 수산이 생산한 총 통조림의 개수는 모두 몇 개인가?

① 940개   ② 970개

③ 1,050개   ④ 1,120개

 2개의 생산라인을 하루 종일 가동하여 3일간 525개의 통조림을 생산하므로 하루에 2개 생산라인에서 생산되는 통조림의 개수는 525 ÷ 3 = 175개가 된다. 이때, A라인만을 가동하여 생산할 수 있는 통조림의 개수가 90개/일이므로 B라인의 하루 생산 개수는 175 − 90 = 85개가 된다.
따라서 A라인 5일, B라인 2일, A + B라인 2일의 생산 결과를 계산하면, 생산한 총 통조림의 개수는 (90 × 5) + (85 × 2) + (175 × 2) = 450 + 170 + 350 = 970개가 된다.

2 ○○전기 A지역본부의 작년 한 해 동안의 송전과 배전 설비 수리 건수는 총 238건이다. 설비를 개선하여 올해의 송전과 배전 설비 수리 건수가 작년보다 각각 40%, 10%씩 감소하였다. 올해 수리 건수의 비가 5 : 3일 경우, 올해의 송전 설비 수리 건수는 몇 건인가?

① 102건　　　　　　　　　　　② 100건

③ 98건　　　　　　　　　　　　④ 95건

 작년의 송전 설비 수리 건수를 x, 배전 설비 수리 건수를 y라고 할 때, $x+y=238$이 성립한다. 또한 감소 비율이 각각 40%와 10%이므로 올해의 수리 건수는 $0.6x$와 $0.9y$가 되며, 이것의 비율이 5 : 3이므로 $0.6x : 0.9y = 5 : 3$이 되어 $1.8x = 4.5y(\rightarrow x = 2.5y)$가 된다.
따라서 두 연립방정식을 계산하면, $3.5y=238$이 되어 $y=68$, $x=170$건임을 알 수 있다.
그러므로 올 해의 송전 설비 수리 건수는 $170 \times 0.6 = 102$건이 된다.

3 어느 자격증 시험에 응시한 남녀의 비는 4 : 3, 합격자의 남녀의 비는 5 : 3, 불합격자 남녀의 비는 1 : 10이다. 합격자가 160명일 때, 전체 응시 인원은 몇 명인가?

① 60명　　　　　　　　　　　② 180명

③ 220명　　　　　　　　　　　④ 280명

 불합격 남자 x, 불합격 여자 x, 합격 남자는 100명, 합격여자는 60명
$(100+x) : (60+x) = 4 : 3$, $\therefore x = 60$
따라서 전체 응시 인원은 $160+120 = 280$(명)이다.

4 채용시험의 상식테스트에서 정답을 맞히면 10점을 얻고, 틀리면 8점을 잃는다. 총 15개의 문제 중에서 총점 100점 이상 얻으려면 최대 몇 개의 오답을 허용할 수 있는가?

① 1개　　　　　　　　　　　② 2개

③ 3개　　　　　　　　　　　④ 4개

 오답의 허용 개수를 x라 하면,
$10(15-x)-8x \geq 100 \rightarrow x \leq 2.7$
따라서 최대 2개까지만 오답을 허용할 수 있다.

Answer ⟶ 1.② 2.① 3.④ 4.②

5 사무실의 적정 습도를 맞추는데, A가습기는 16분, B가습기는 20분 걸린다. A가습기를 10분 동안만 틀고, B가습기로 적정 습도를 맞춘다면 B가습기 작동시간은?

① 6분 30초　　　　　　　　　　② 7분

③ 7분 15초　　　　　　　　　　④ 7분 30초

 B가습기 작동 시간을 x라 하면

$$\frac{1}{16} \times 10 + \frac{1}{20}x = 1$$

$$\therefore x = \frac{15}{2}$$

따라서 7분 30초가 된다.

6 8명의 학생을 일정한 간격을 두어 원탁에 앉게 하는 방법의 수는?

① 4010　　　　　　　　　　　② 5040

③ 6080　　　　　　　　　　　④ 7030

 원순열은 $(n-1)!$이므로,

$(8-1)! = 7! = 5040$

7 40%의 소금물 100g과 50%의 소금물을 섞어 45%의 소금물을 만들었다면 50%의 소금의 양은?

① 50g　　　　　　　　　　② 60g

③ 70g　　　　　　　　　　④ 80g

 • 45%의 소금물의 양을 x라 하면,

$$\frac{(0.4 \times 100) + (0.5 \times x)}{100 + x} \times 100 = 45\%, \quad \therefore x = 100g$$

• 50%의 소금물의 양이 100g이므로 소금의 양은

$0.5 \times 100 = 50g$

8 14년 후에 아버지의 나이가 아들의 나이의 2배가 된다면, 현재 아버지와 아들의 나이의 합은? (단, 아버지의 현재 나이는 48세이다.)

① 51   ② 59

③ 65   ④ 73

 ㉠ 아들의 나이를 x라 하면, $48+14=2(x+14)$, $x=17$살
㉡ 아버지의 나이 + 아들의 나이 $= 48+17=65$

9 형의 키가 동생보다 8cm 더 크고 둘의 평균 키가 176cm일 때, 형의 키는?

① 177cm   ② 178cm

③ 179cm   ④ 180cm

 ㉠ 형의 키를 x, 동생의 키를 y라 하면 다음의 두 식이 성립한다.
- $\dfrac{x+y}{2}=176$
- $x=y+8$
㉡ 두 식을 연립하면,
∴ $x=180$, $y=172$

10 세 친구는 68,000원을 비율대로 나누어 가지려 한다. 갑과 을은 3:2로 나누고, 갑과 병은 5:3으로 나눌 때, 병이 받을 금액은 얼마인가?

① 15,000원   ② 16,000원

③ 17,000원   ④ 18,000원

 종합하면 갑 : 을 : 병 $=15:10:9$으로 나누게 된다.
따라서 병이 받은 금액은 $68000 \times \dfrac{9}{34} = 18,000$원이다.

Answer ☞ 5.④   6.②   7.①   8.③   9.④   10.④

11 서울에서 무궁화호가 출발하고 1시간 후 새마을호가 시속 120km로 출발하였다. 3시간 뒤 새마을호가 무궁화호를 따라잡았는데 서울과 부산의 거리가 400km이면 무궁화호는 부산까지 약 몇 시간이 걸리겠는가?

① 4.2시간   ② 4.4시간

③ 5.2시간   ④ 5.4시간

 새마을호와 무궁화호가 만난 지점은 $3 \times 120 = 360(km)$
무궁화호는 360km 지점까지 4시간이 걸렸으므로 속력은 $360 \div 4 = 90(km/h)$
따라서 무궁화호가 부산까지 가는 데 걸리는 시간은 $400 \div 90 ≒ 4.44$ 이다.

12 태현이는 자전거를 타고 운동장을 한 바퀴 돌면서 절반까지는 시속 15km로 달리다가, 힘이 빠지면서 나머지 절반은 시속 10km로 달렸다. 이 때 걸린 시간이 25분이라고 할 때, 운동장 한 바퀴는 몇 km인가?

① 3km   ② 4km

③ 5km   ④ 6km

 $\dfrac{25}{60} = \dfrac{x}{15} + \dfrac{x}{10} = \dfrac{10x}{60}$
$x = 2.5$
운동장 한 바퀴는 $2x = 5km$ 이다.

13 일정한 속력으로 달리는 기차가 200m 길이의 터널을 완전히 통과하는 데 8초가 걸린다. 같은 속력으로 1,200m 길이의 터널을 통과할 때, 터널 안에서 보이지 않는 시간이 20초라면 이 기차의 길이는?

① 200m   ② 250m

③ 300m   ④ 350m

 기차의 길이를 x 라고 하면
터널을 완전히 통과할 때 달려야 하는 거리는 $200 + x$, 시간은 8초이다.
터널 안에서의 보이지 않을 때의 거리는 $1,200 - x$, 시간은 20초이다.
이 때 속력이 일정하다고 했으므로
$\dfrac{(200+x)}{8} = \dfrac{(1,200-x)}{20}$
$7x = 1,400$
$x = 200m$

14 두 자리의 자연수가 있다. 십의 자리의 숫자의 2배는 일의 자리의 숫자보다 1이 크고, 십의 자리의 숫자와 일의 자리의 숫자를 바꾼 자연수는 처음 수보다 9가 크다고 한다. 이를 만족하는 자연수는?

① 11

② 23

③ 35

④ 47

 두 자리 자연수를 $10a+b$라 하면 주어진 문제에 따라 다음이 성립한다.

$$\begin{cases} 2a=b+1 \\ 10b+a=(10a+b)+9 \end{cases} \Rightarrow \begin{cases} 2a-b=1 \\ 9a-9b=-9 \end{cases} \Rightarrow \begin{cases} 18a-9b=9 \\ 9a-9b=-9 \end{cases} \Rightarrow a=2, \ b=3$$

따라서 구하는 두 자리 자연수는 $10a+b=23$이다.

15 열차가 출발하기 전까지 1시간의 여유가 있어서 그 사이에 상점에 들러 물건을 사려고 한다. 걷는 속력이 시속 3km이고, 상점에서 물건을 사는 데 10분이 걸린다고 할 때, 역에서 몇 km 이내의 상점을 이용해야 하는가?

① 1km

② 1.25km

③ 1.5km

④ 1.75km

 열차가 출발하는 시각까지 남아 있는 1시간 중에서 물건을 고르는 데 걸리는 시간 10분을 뺀 50분 동안 다녀올 수 있는 거리를 구한다.

$(50분) = (\dfrac{5}{6} 시간)$

시속 3km로 $\dfrac{5}{6}$ 시간 동안 갈 수 있는 거리는 $3 \times \dfrac{5}{6} = \dfrac{5}{2} = 2.5 \text{(km)}$인데

이는 상점까지 다녀오는 왕복거리이므로 상점은 역에서 1.25km 이내에 있어야 한다.

Answer ↱ 11.② 12.③ 13.① 14.② 15.②

16 붉은 리본을 맨 상자에는 화이트 초콜릿 4개, 다크 초콜릿 2개가 들어 있고, 푸른 리본을 맨 상자에는 화이트 초콜릿 4개, 다크 초콜릿 4개가 들어 있다. 붉은 리본의 상자와 푸른 리본의 상자에서 초콜릿을 한 개씩 꺼낼 때 하나는 화이트 초콜릿이고, 다른 하나는 다크 초콜릿일 확률은?

① $\dfrac{1}{2}$ ② $\dfrac{1}{3}$

③ $\dfrac{1}{4}$ ④ $\dfrac{1}{5}$

 두 개 모두 화이트 초콜릿일 확률 : $\dfrac{4}{6} \times \dfrac{4}{8} = \dfrac{1}{3}$

두 개 모두 다크 초콜릿일 확률 : $\dfrac{2}{6} \times \dfrac{4}{8} = \dfrac{1}{6}$

두 개 모두 화이트 초콜릿이거나 다크 초콜릿일 확률 : $\dfrac{1}{3} + \dfrac{1}{6} = \dfrac{1}{2}$

따라서 구하는 확률은 $1 - \dfrac{1}{2} = \dfrac{1}{2}$

17 영업 3팀은 사내 볼링 대회에서 만년필을 상품으로 받았다. 모두 2자루씩 나누어 가졌더니 25자루가 남고, 3자루씩 나누어 가졌더니 8자루가 모자랐다. 이때 영업 3팀의 수와 볼펜의 개수를 구하면?

① 31명, 89자루   ② 31명, 91자루

③ 33명, 89자루   ④ 33명, 91자루

 영업 3팀의 인원수를 x명이라 하면

$2x + 25 = 3x - 8$ $\therefore x = 33$ (명)

만년필의 수를 구하면

$2 \times 33 + 25 = 91$ (자루)

따라서 영업 3팀은 33명이고, 상품으로 받은 만년필은 91자루이다.

18 럭키 여행사의 8월 여행자 수는 전 달에 비하여 중국인은 10% 증가하고, 일본인은 8% 감소하여 전체 여행자 수는 48명이 증가한 2148명이 되었다. 8월의 중국인 여행자 수는?
(단, 여행자는 중국인과 일본인으로 구성된다.)

① 1118명 ② 1264명
③ 1280명 ④ 1320명

 8월의 전체 여행자 수가 2,148명이므로 7월의 전체 여행자 수는 2,100명이다.
7월의 중국인 여행자 수를 x라 하면, 일본인 여행자 수는 $2,100 - x$이다.
$0.1x - 0.08(2,100 - x) = 48$
$10x - 8(2,100 - x) = 4,800$, $18x = 21,600$ ∴ $x = 1,200$
8월의 중국인 여행자 수는 10% 증가하였으므로 이를 구하면
$1,200 + 1,200 \times 0.1 = 1,200 + 120 = 1,320$(명)
따라서 8월의 중국인 여행자는 1,320명이다.

19 어떤 일을 할 때 A가 3일 동안 하고 남은 일을 A와 B 두 사람이 함께 하면 5일 만에 끝이 난다. 같은 일을 B가 2일 동안 하고 남은 일을 A와 B 두 사람이 함께 하면 4일 만에 끝이 난다. B가 이 일을 혼자 한다면 며칠이 걸리겠는가?

① 5일 ② 6일
③ 7일 ④ 8일

 A가 하루 동안 하는 일의 양을 x라고 하고, B가 하루 동안 하는 일의 양을 y라고 하면
$$\begin{cases} 3x + 5(x+y) = 1 \\ 2y + 4(x+y) = 1 \end{cases}$$
$$\begin{cases} 8x + 5y = 1 \\ 4x + 6y = 1 \end{cases}$$
$$\begin{cases} 8x + 5y = 1 \\ 8x + 12y = 2 \end{cases}$$
$7y = 1$, $y = 1/7$
B가 혼자서 한다면 7일 동안 해야 한다.

Answer 16.① 17.④ 18.④ 19.③

20 유자시럽 24g과 물 176g을 잘 섞은 유자차에서 150g을 떠낸 후 몇 g의 물을 더 넣어야 8%의 유자차가 되는가?

① 20g

② 25g

③ 30g

④ 35g

 ㉠ 유자시럽 24g과 물 176g을 섞은 유자차의 농도는 $\dfrac{24}{24+176} \times 100 = 12\%$이다.

㉡ ㉠에서 150g을 떠내면 유자차는 50g이 되고, 유자시럽의 양은 $50 \times 0.12 = 6$g이다.

㉢ ㉡에서 물을 x만큼 추가하여 농도가 8%가 되어야 하므로,

$\dfrac{6}{50+x} \times 100 = 8\%$, $\therefore x = 25$g이다.

21 D상사의 신입사원 백기는 강 대리에게 업무 매뉴얼을 받았다. 첫째 날에는 전체의 $\dfrac{1}{3}$을 읽었고, 둘째 날에는 남은 부분의 $\dfrac{3}{4}$을 읽었으며, 셋째 날에는 30페이지를 읽어서 업무 매뉴얼 전체를 읽었다. 백기가 읽은 업무 매뉴얼의 전체 페이지 수는?

① 180페이지

② 190페이지

③ 200페이지

④ 210페이지

 업무 매뉴얼의 전체 페이지 수를 x페이지라 하면

$\dfrac{1}{3}x + \dfrac{2}{3}x \times \dfrac{3}{4} + 30 = x$

$\dfrac{1}{3}x + \dfrac{1}{2}x + 30 = x$

$2x + 3x + 180 = 6x$ $\therefore x = 180$(페이지)

22 순희가 500원짜리 볼펜과 300원짜리 수성 사인펜을 사는데 9,000원을 지불하였고 볼펜과 수성 사인펜을 합해서 모두 20자루를 샀다면 볼펜은 몇 자루를 산 것인가?

① 12자루

② 13자루

③ 14자루

④ 15자루

 볼펜 x자루, 수성 사인펜을 y자루 샀다고 하면,

$x + y = 20$

$500x + 300y = 9,000$

$\therefore x = 15$

23 가로의 길이가 120cm, 세로의 길이가 104cm인 직사각형 모양의 벽에 가능한 큰 정사각형 모양의 타일을 빈틈없이 붙이려고 할 때, 타일의 한 변의 길이는 몇 cm인가?

① 6cm 　　　　　　　　　　　② 7cm

③ 8cm 　　　　　　　　　　　④ 9cm

(Tip) 120과 104의 최대공약수는 8이다. 따라서 필요한 타일의 한 변의 길이는 8cm이다.

24 직원 5명이 출장을 가서 숙소를 예약한다. 방은 1인실, 2인실, 3인실이 각각 하나씩 있고 빈방이 있을 수도 있다. 직원을 배치하는 경우의 수를 구하면?

① 30가지 　　　　　　　　　　② 40가지

③ 50가지 　　　　　　　　　　④ 60가지

(Tip) ㉠ 1인실이 빈방일 경우

5명이 2, 3인실에 모두 들어간다. 따라서 5명 중 2명이 방을 고르면 나머지는 선택할 수 없고, 3인실에 가야한다.

$_5C_2 = 10$

㉡ 1인실이 빈방이 아닌 경우

5명 중에 한 명은 1인실에 들어가야 한다.

$_5C_1 = 5$

나머지 4명 중에 2인실, 3인실에 나뉘어 들어가면 가능한 경우의 수는 (2, 2), (1, 3)이다.

따라서 $_4C_2 + _4C_1 = 10$

1인실이 빈방이 아닌 경우는 $5 \times 10 = 50$

따라서 $10 + 50 = 60$이다.

25 9시부터 서울과 부산을 가는 기차가 각각 16분, 24분 간격으로 있다. 12시에 도착한 두 사람이 서울과 부산을 가는 제일 빠른 동시출발 차표를 샀다면, 몇 시 차표를 샀겠는가?

① 12시 8분 　　　　　　　　　② 12시 10분

③ 12시 12분 　　　　　　　　④ 12시 14분

(Tip) 16과 24의 최소공배수는 48이다.

$48n \geq 180$

$n \geq 3.XX$

n은 4이므로, $48 \times 4 = 192$이다.

$192 = 60 \times 3 + 12$이므로, 9시의 3시간 12분 뒤인 12시 12분이 된다.

Answer ♪ 20.② 21.① 22.④ 23.③ 24.④ 25.③

26 티셔츠는 한 장에 7,000원 손수건은 한 장에 1,000원에 판매하는 할인점이 있다. 티셔츠와 손수건을 합하여 10장을 사고, 금액이 30,000원 이상 34,000원 이하가 되게 하려고 한다. 살 수 있는 티셔츠의 최대 개수는?

① 4장   ② 5장

③ 6장   ④ 7장

 티셔츠의 개수를 x, 손수건의 개수를 y라 하면, $x+y=10$

$30,000 \leq 7,000x + 1,000y \leq 34,000$

$30 \leq 7x + y \leq 34$

$30 \leq 6x + 10 \leq 34$ $(\because y = 10 - x)$

$3.XX \leq x \leq 4$

그러므로 티셔츠의 최대 개수는 4장이다.

27 원가에 2할의 이익을 붙여 정한 정가에서 1,000원을 할인하여 팔았을 때, 이익이 원가의 10% 이상이었다면 원가는 얼마 이상인가?

① 10,000원 이상   ② 15,000원 이상

③ 20,000원 이상   ④ 25,000원 이상

 $1.2x - 1,000 \geq 1.1x$

$0.1x \geq 1,000$

$\therefore x \geq 10,000$

28 산을 올라갈 때는 시속 2km의 일정한 속력으로 걷고, 내려올 때는 3km가 더 먼 길을 시속 3km의 일정한 속력으로 걸었다. 산을 올라갔다가 내려오는데 5시간 40분이 걸렸다면 올라갈 때의 거리는 몇 km인가?

① 5.6km   ② 6.4km

③ 6.6km   ④ 7.1km

 $5\dfrac{2}{3} = \dfrac{x}{2} + \dfrac{x+3}{3}$

$\dfrac{17}{3} = \dfrac{x}{2} + \dfrac{x+3}{3}$ $(\times 6)$

$34 = 3x + 2x + 6$

$5x = 28$

$\therefore x = 5.6$

29 현재 형은 2,500원, 동생은 4,000원을 예금하고 있다. 다음 달부터 매월 형은 500원씩, 동생은 200원씩 저금한다면 몇 개월 후부터 형이 동생보다 예금한 돈이 많아지는가?

① 5개월

② 6개월

③ 7개월

④ 8개월

Tip
$2,500 + 500x > 4,000 + 200x$

$300x > 1,500$

$\therefore x > 5$

6개월 후부터 형이 동생보다 예금한 돈이 많아진다.

30 톱니의 수가 각각 72개, 45개인 톱니바퀴 A, B가 서로 맞물려 있다. 두 톱니바퀴가 회전하기 시작하여 최초로 다시 같은 톱니에서 맞물리려면 B는 몇 번 회전해야 하는가?

① 5번

② 6번

③ 7번

④ 8번

Tip
72와 45의 최소공배수는 360이다. 따라서 두 톱니바퀴가 같은 톱니에서 처음으로 다시 맞물리려면 $360 \div 45 = 8$이므로 8번 회전해야 한다.

31 가로가 372cm, 세로가 368cm인 직사각형 모양의 큰 종이를 가로는 12등분, 세로는 16등분을 하여 직사각형을 만들었다. 작은 직사각형 한 개의 둘레는 몇 cm일까?

① 130cm

② 126cm

③ 122cm

④ 108cm

Tip
$372 \div 12 = 31$

$368 \div 16 = 23$

$31 \times 2 + 23 \times 2 = 108$

Answer 26.① 27.① 28.① 29.② 30.④ 31.④

32 직장에서 병원에 갈 때는 60km/h로 가고, 병원에서 집에 갈 때는 30km/h로 간다. 직장에서 병원의 거리가 10km이고, 병원에서 집의 거리가 15km라면 직장에서 병원을 거쳐 집까지 가는데 걸리는 시간은 얼마인가?

① 20분 ② 30분

③ 40분 ④ 50분

시간은 $\dfrac{거리}{속도}$로 구할 수 있다.

직장에서 병원까지 가는데 걸리는 시간은 $\dfrac{10}{60}=\dfrac{1}{6}$이므로 $\dfrac{1}{6}\times 60 = 10(분)$이다.

병원에서 집까지 가는데 걸리는 시간은 $\dfrac{15}{30}=\dfrac{1}{2}$이므로 $\dfrac{1}{2}\times 60 = 30(분)$이다.

직장에서 집까지 가는데 걸리는 시간은 $10+30=40(분)$이 된다.

33 수영이가 집에서 6km 떨어진 지하철역까지 자전거를 타고 가는데 처음에는 시속 6km로 가다가 도중에 시속 8km로 속력을 내었더니 총 50분이 걸렸다. 이때 시속 8km로 간 거리는 얼마인가?

① 4km ② 4.5km

③ 5km ④ 5.5km

총 걸린 시간 50분$=\dfrac{5}{6}$시간

시속 6km로 간 시간을 x라고 하면, 시속 8km로 간 시간은 $\dfrac{5}{6}-x$이다.

집에서 6km 떨어진 거리이므로

$6=6x+8\left(\dfrac{5}{6}-x\right), 6=6x+\dfrac{20}{3}-8x,$

$6=-2x+\dfrac{20}{3}, 2x=\dfrac{2}{3}$

$x=\dfrac{1}{3}, \dfrac{5}{6}-x=\dfrac{1}{2}$

$\dfrac{1}{2}$시간 동안 시속 8km로 간 거리$=8\times\dfrac{1}{2}=4km$

34 A가 60m/s의 속력으로 800m 앞 서 있다. B가 110m/s의 속력으로 따라갈 경우, A를 따라잡기 시작하는 거리는?

① 1,760m

② 1,650m

③ 1,540m

④ 1,430m

> (Tip) B가 따라간 시간을 x라고 하면,
> $800 + 60x = 110x$
> $50x = 800$
> $x = 16(초)$
> x를 대입하면, $110 \times 16 = 1,760(\text{m})$이 된다.

35 35명 이상 50명 미만인 직원들이 지방에 연수를 떠났다. 참가비는 1인당 50만원이고, 단체 입장 시 35명 이상은 1할 2푼을 할인해 주고, 50명 이상은 2할을 할인해 준다고 한다. 몇 명 이상일 때, 50명의 단체로 입장하는 것이 유리한가?

① 37명

② 42명

③ 45명

④ 46명

> (Tip) 그룹의 직원 수를 x명이라고 할 때,
> $x \times 500,000 \times (1 - 0.12) > 50 \times 500,000 \times (1 - 0.2)$
> $x > \dfrac{40}{0.88} = 45.4545 \cdots$
> 따라서 46명 이상일 때 50명의 단체로 입장하는 것이 유리하다.

36 김 과장은 이번에 뽑은 신입사원을 대상으로 교육을 실시하려고 한다. 인원 파악을 해야 하는데 몇 명인지는 모르겠지만 긴 의자에 8명씩 앉으면 5명이 남는다는 것을 알았고, 또한 10명씩 앉으면 의자가 1개 남고 마지막 의자에는 7명만 앉게 된다. 의자의 수를 구하면?

① 6

② 7

③ 8

④ 9

> (Tip) 의자수를 x라고 하면, 사람 수는 $8x + 5$와 $10(x-2) + 7$으로 나타낼 수 있다.
> 두 식을 연립하여 풀면
> $8x + 5 = 10(x-2) + 7$, $x = 9$
> 따라서 의자의 개수는 9개이다.

Answer → 32.③ 33.① 34.① 35.④ 36.④

37 둘레가 2,000m인 트랙의 출발점에서 A, B 두 사람이 반대 방향으로 달리고 있다. A는 분속 200m로, B는 분속 300m로 달리고 B는 A가 출발한지 2분 후에 출발하였다. 두 사람이 두 번째로 만날 때까지 걸린 시간은 B가 출발한지 몇 분이 지났을 때인가?

① $\dfrac{34}{7}$ 분　　　　　　　② $\dfrac{36}{5}$ 분

③ 8분　　　　　　　④ $\dfrac{46}{5}$ 분

 B가 달린 시간을 x분이라고 하면, A가 달린 시간은 $(x+2)$분이다.
(거리) = (속력) × (시간)이므로
$$4,000 = 200(x+2) + 300x$$
$$3,600 = 500x,\ x = \dfrac{36}{5}$$

따라서 두 사람이 두 번째로 만날 때까지 걸린 시간은 B가 출발한지 $\dfrac{36}{5}$ 분이 지났을 때이다.

38 회사에서 최근 실시한 1차 폐휴대폰 수거 캠페인에 참여한 1~3년차 직원 중 23%가 1년 차 직원이었다. 2차 캠페인에서는 1차 캠페인에 참여한 직원들이 모두 참여하고 1년차 직원 20명이 새롭게 더 참여하여 1년차 직원들의 비중이 전체 인원의 30%가 되었다. 1차 캠페인에 참여한 1~3년차 직원 수를 구하면?

① 180명　　　　　　　② 200명
③ 220명　　　　　　　④ 240명

 1차 캠페인에 참여한 1~3년차 직원 수를 x라고 할 때, 1년차 직원 수를 기준으로 식을 세우면
$$\dfrac{23}{100} \times x + 20 = (x+20) \times \dfrac{30}{100}$$
$$23x + 2,000 = 30x + 600$$
$$7x = 1,400,\ x = 200$$
따라서 1차 캠페인에 참여한 1~3년차 직원은 200명이다.

39 40cm 높이의 수조 A와 30cm 높이의 수조 B에 물이 가득 차있다. 수조 A의 물 높이는 분당 0.6cm씩 감소되고 있고, 수조 B에서도 물이 감소되고 있다. 두 수조의 물 높이가 같아지는 것이 25분 후라고 할 때, 수조 B의 물 높이는 분당 몇 cm씩 감소되고 있는가?

① 0.1cm   ② 0.15cm

③ 0.2cm   ④ 0.25cm

 수조 B에서 분당 감소되는 물의 높이를 x라 하면,
$40 - (25 \times 0.6) = 30 - (25 \times x)$
$\therefore x = 0.2cm$

40 코나 커피를 만드는 방법은 농도가 서로 다른 두 커피를 각각 일정량을 섞어서 농도를 조절하는 것이다. 코나 커피의 가장 알맞은 농도는 9%인데, 농도가 3%, 11%인 커피로 알맞은 농도의 코나 커피 400g을 만들려면 3%의 커피는 얼마나 섞어야 하는가? (단, 커피는 물과 커피가루를 섞은 용액이다.)

① 100g   ② 120g

③ 140g   ④ 160g

 3%의 커피의 양을 x라고 하면
$$x \times \frac{3}{100} + (400 - x) \times \frac{11}{100} = 400 \times \frac{9}{100}$$
$$3x + 4,400 - 11x = 3,600$$
$$\therefore x = 100(g)$$

Answer ⟶ 37.②   38.②   39.③   40.①

| 41~42 | 다음은 어느 학급 학생 25명의 수학 성적과 과학 성적에 대한 상관표이다. 물음에 답하여라.

과학(점) \ 수학(점)	60	70	80	90	100	합계
100				A	1	2
90			1	B		C
80		2	D	3	1	11
70	1	2	3	2		8
60	1					1
합계	2	4	9	8	2	25

41 다음 중 A ~ D에 들어갈 수로 옳지 않은 것은?

① A = 1   ② B = 2

③ C = 3   ④ D = 4

    (Tip) $D = 11 - 2 - 3 - 1 = 5$

42 수학 성적과 과학 성적 중 적어도 한 과목의 성적이 80점 이상인 학생은 몇 명인가?

① 11명   ② 14명

③ 16명   ④ 21명

    (Tip) $25 - (2 + 1 + 1) = 21$

43 다음 표는 2009 ~ 2010년 지역별 직장인들의 자기개발에 관해 조사한 내용을 정리한 것이다. 이에 대한 분석으로 옳은 것은?

(단위 : %)

연도 구분 지역	2009				2010			
	자기개발 하고 있음	자기개발 비용 부담 주체			자기개발 하고 있음	자기개발 비용 부담 주체		
		직장 100%	본인 100%	직장50%+ 본인50%		직장 100%	본인 100%	직장50%+ 본인50%
충청도	36.8	8.5	88.5	3.1	45.9	9.0	65.5	24.5
제주도	57.4	8.3	89.1	2.9	68.5	7.9	68.3	23.8
경기도	58.2	12	86.3	2.6	71.0	7.5	74.0	18.5
서울시	60.6	13.4	84.2	2.4	72.7	11.0	73.7	15.3
경상도	40.5	10.7	86.1	3.2	51.0	13.6	74.9	11.6

① 자기개발 비용 부담이 본인 100%인 사람의 비율은 다른 주체의 비율보다 많다.
② 자기개발을 하고 있다고 응답한 사람의 수는 2009년과 2010년 모두 서울시가 가장 많다.
③ 자기개발 비용을 직장과 본인이 각각 절반씩 부담하는 사람의 비율은 2009년과 2010년 모두 서울시가 가장 높다.
④ 2009년과 2010년 모두 자기개발을 하고 있다고 응답한 비율이 가장 높은 지역에서 자기개발비용을 직장이 100% 부담한다고 응답한 사람의 비율이 가장 높다.

② 지역별 인원수가 제시되어 있지 않으므로, 각 지역별 응답자 수는 알 수 없다.
③ 2009년에는 경상도에서, 2010년에는 충청도에서 가장 높은 비율을 보인다.
④ 2009년과 2010년 모두 '자기 개발을 하고 있다'고 응답한 비율이 가장 높은 지역은 서울시이며, 2010년의 경우 자기개발 비용을 직장이 100% 부담한다고 응답한 사람의 비율이 가장 높은 지역은 경상도이다.

Answer 41.④ 42.④ 43.①

44 다음 표는 ㈎, ㈏, ㈐ 세 기업의 남자 사원 400명에 대해 현재의 노동 조건에 만족하는가에 관한 설문 조사를 실시한 결과이다. ㉠ ∼ ㉢ 중에서 옳은 것은 어느 것인가?

구분	불만	어느 쪽도 아니다	만족	계
㈎회사	34	38	50	122
㈏회사	73	11	58	142
㈐회사	71	41	24	136
계	178	90	132	400

㉠ 이 설문 조사에서는 현재의 노동 조건에 대해 불만을 나타낸 사람은 과반수를 넘지 않는다.

㉡ 가장 불만 비율이 높은 기업은 ㈐회사이다.

㉢ 어느 쪽도 아니다라고 회답한 사람이 가장 적은 ㈏회사는 가장 노동조건이 좋은 기업이다.

㉣ 만족이라고 답변한 사람이 가장 많은 ㈏회사가 가장 노동조건이 좋은 회사이다.

① ㉠, ㉡   ② ㉠, ㉢

③ ㉡, ㉢   ④ ㉡, ㉣

 각사 조사 회답 지수를 100%로 하고 각각의 회답을 집계하면 다음과 같은 표가 된다.

구분	불만	어느 쪽도 아니다	만족	계
㈎회사	34(27.9)	38(31.1)	50(41.0)	122(100.0)
㈏회사	73(51.4)	11(7.7)	58(40.8)	142(100.0)
㈐회사	71(52.2)	41(30.1)	24(17.6)	136(100.0)
계	178(44.5)	90(22.5)	132(33.0)	400(100.0)

㉢ 어느 쪽도 아니다라고 답한 사람이 가장 적다는 것은 만족이거나 불만으로 나뉘어져 있는 것만 나타내는 것이며 노동 조건의 좋고 나쁨과는 관계가 없다.

㉣ 만족을 나타낸 사람의 수가 ㈏회사가 가장 많았으나 142명 중 58명으로 40.8%이므로 ㈎회사의 41% 보다 낮다.

45 다음 중 표에 대한 설명으로 옳은 것은?

성, 연령집단 및 교육수준별 자원봉사 참여율

(단위 : %)

		2009	2011	2013	2015
전체		19.3	19.8	19.9	18.2
성	남자	19.3	19.6	19.6	17.7
	여자	19.3	20.1	20.1	18.7
연령집단	20세 미만	79.8	77.7	80.1	76.6
	20-29세	13.9	13.2	13.7	11.6
	30-39세	13.6	11.2	11.2	10.6
	40-49세	18.6	17	17.3	15.6
	50-59세	15.5	14.6	14.5	14.6
	60세 이상	7	7.2	7.8	7.8
교육수준	초졸 이하	10.4	24	23.8	22.5
	중졸	42.4	39.8	39.8	37.1
	고졸	15	13.6	13.4	11.9
	대졸 이상	18.4	16.2	16.8	16.1

① 전체 대상자의 자원봉사 참여율은 점점 증가했다.

② 교육수준이 낮을수록 자원봉사 참여율이 높다.

③ 20세 미만의 자원봉사 참여율은 60세 이상 자원봉사 참여율의 10배 이상이다.

④ 중졸의 자원봉사 참여율은 대졸 이상의 자원봉사 참여율의 2배 이상이다.

 ① 자원봉사 참여율은 2015년에 감소했다.
② 교육수준에 따른 일정한 경향성이 보이지 않는다.
③ 2015년에는 10배가 되지 않는다.

Answer → 44.① 45.④

46 다음은 연도별 전자상거래 규모와 주체를 조사한 것이다. 이로부터 추론할 수 있는 내용으로 옳은 것은?

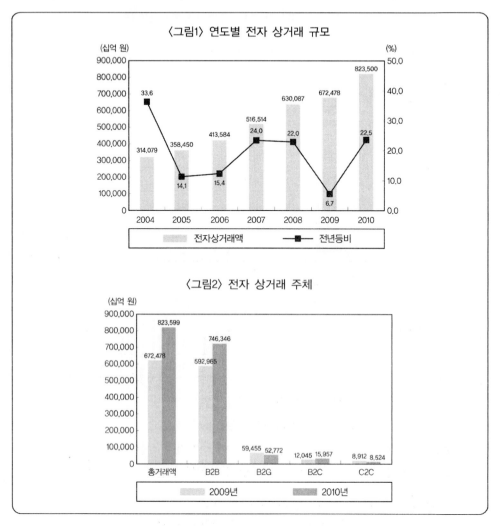

〈그림1〉 연도별 전자 상거래 규모

〈그림2〉 전자 상거래 주체

① 조사 기간 동안 전자 상거래 금액이 전년 대비 가장 많이 증가한 해는 2007년이다.
② B2B 거래는 2010년에 2009년보다 22.5% 증가하였다.
③ 주체별 현황을 볼 때, 2010년에 2009년보다 거래금액 증가율이 가장 큰 것은 B2C이다.
④ 2010년에 전자상거래에 참여한 모든 거래 주체의 거래금액이 전년 대비 증가하였다.

① 2010년이 전년 대비 가장 많이 증가하였다.
② B2B 거래는 2010년에 2009년보다 25.9% 증가하였다.
④ B2G와 C2C는 전년 대비 감소하였다.

47 다음은 (A), (B), (C), (D)사의 연간 매출액에 관한 자료이다. 각 회사의 연간 이익률이 매년 일정하며 (B), (C), (D)사의 연간 이익률은 각각 3%, 3%, 2%이다. (A)~(D)사의 연간 순이익 총합이 전년에 비해 감소되지 않게 하는 (A)사의 최소 연간 이익률은?

[회사별 연간 매출액]

(단위 : 백억 원)

연도 회사	2004년	2005년	2006년	2007년	2008년	2009년
(A)	300	350	400	450	500	550
(B)	200	250	300	250	200	150
(C)	300	250	200	150	200	250
(D)	350	300	250	200	150	100

① 5%

② 8%

③ 7%

④ 10%

 우선 이익률이 제시되어 있는 (B)~(D)사의 순이익 종합을 구하면

(단위 : 억 원)

	2004년	2005년	2006년	2007년	2008년	2009년
(B)	600	750	900	750	600	450
(C)	900	750	600	450	600	750
(D)	700	600	500	400	300	200
합	2,200	2,100	2,000	1,600	1,500	1,400

(B)~(D)사의 순이익 총합은 위 표와 같이 감소하고 있다. 그러므로 (A)~(D)사의 순이익 총합이 전년에 비해 감소하지 않기 위해서는 (A)사의 순이익이 (B)~(D)사 순이익 총합의 감소폭을 넘어야만 한다.

설문에서 (A)사의 '최소 연간 이익률'을 구하라고 하였으므로 (B)~(D)사의 순이익 총합에서 전년대비 감소폭이 가장 큰 해, 즉 2006년→2007년을 기준으로 (A)사의 이익률을 구한다.

(A)사의 2006년→2007년매출액이 400→450으로 50 증가하였고, (A)사의 이익률을 x라 할 때, $50 \times x \geq 400$이어야 한다. 따라서 $x \geq 8$이다. 따라서 답은 ②이다.

|48~49| 다음은 인천공항, 김포공항, 양양공항, 김해공항, 제주공항을 이용한 승객을 연령별로 분류해 놓은 표이다. 물음에 답하시오.

구분	10대	20대	30대	40대	50대	총 인원수
인천공항	13%	36%	20%	15%	16%	5,000명
김포공항	8%	21%	33%	24%	14%	3,000명
양양공항	–	17%	37%	39%	7%	1,500명
김해공항	–	11%	42%	30%	17%	1,000명
제주공항	18%	23%	15%	28%	16%	4,500명

48 인천공항의 이용승객 중 20대 승객은 모두 몇 명인가?

① 1,600명   ② 1,700명

③ 1,800명   ④ 1,900명

 $5,000 \times 0.36 = 1,800$명

49 김포공항 이용승객 중 30대 이상 승객은 김해공항 30대 이상 승객의 약 몇 배인가? (소수점 둘째 자리에서 반올림 하시오.)

① 2.3배   ② 2.4배

③ 2.5배   ④ 2.6배

 김포공항의 30대 이상 승객 : 33%+24%+14% = 71%이므로 $3,000 \times 0.71 = 2,130$명
김해공항의 30대 이상 승객 : 42%+30%+17% = 89%이므로 $1,000 \times 0.89 = 890$명
∴ $2,130 \div 890 ≒ 2.4$배

50 다음은 문화산업부문 예산에 관한 자료이다. 다음 중 (개)와 (래)의 합을 구하면?

분야	예산(억 원)	비율(%)
출판	(개)	(대)
영상	40.85	19
게임	51.6	24
광고	(내)	31
저작권	23.65	11
총합	(래)	100

	(개)	(래)
①	29.25	185
②	30.25	195
③	31.25	205
④	32.25	215

㉠ 영상 분야의 예산은 40.85(억 원), 비율은 19(%)이므로, 40.85 : 19 =(개) : (대)
- (대)=100-(19+24+31+11)=15%
- 40.85×15=19×(개),   ∴ 출판 분야의 예산 (개) = 32.25(억 원)

㉡ 위와 동일하게 광고 분야의 예산을 구하면, 40.85 : 19 = (내) : 31
- 40.85×31=19×(내),   ∴ 광고 분야의 예산 (내)=66.65(억 원)

㉢ 예산의 총합 (래)는 32.25+40.85+51.6+66.65+23.65=215(억 원)

┃51~52 ┃ 다음은 지역별 재건축 및 대체에너지 설비투자 현황에 관한 자료이다. 물음에 답하시오.

(단위 : 건, 억 원, %)

지역	재건축 건수	건축공사비(A)	대체에너지 설비투자액				대체에너지 설비투자 비율
			태양열	태양광	지열	합(B)	
강남	28	15,230	32	150	385	567	( )
강북	24	11,549	29	136	403	568	( )
분당	26	13,697	33	264	315	612	4.46
강서	31	10,584	26	198	296	520	( )
강동	22	8,361	13	210	338	561	6.70

※ 대체에너지 설비투자 비율 = (B/A)×100

51 다음 중 옳지 않은 것은?

① 재건축 건수 1건당 건축공사비가 가장 적은 곳은 강서이다.

② 강남~강동 지역의 대체에너지 설비투자 비율은 각각 4% 이상이다.

③ 강동 지역에서 지열 설비투자액이 280억 원으로 줄어들어도 대체에너지 설비투자 비율은 6% 이상이다.

④ 대체에너지 설비투자액 중 태양광 설비투자액 비율이 두 번째로 낮은 지역은 대체에너지 설비투자 비율이 가장 낮다.

 강남 지역의 대체에너지 설비투자 비율은 3.72%이다.

$$\frac{567}{15,230}\times100 \fallingdotseq 3.72(\%)$$

52 강서 지역의 지열 설비투자액이 250억 원으로 줄어들 경우 대체에너지 설비투자 비율의 변화는?

① 약 0.35%ₚ 감소 　　② 약 0.38%ₚ 감소

③ 약 0.41%ₚ 감소 　　④ 약 0.44%ₚ 감소

 강서 지역의 지열 설비투자액이 250억 원으로 줄어들 경우 대체에너지 설비투자액의 합(B)은 474억 원이 된다. 이때의 대체에너지 설비투자 비율은 $\frac{474}{10,584}\times100 \fallingdotseq 4.47$이므로 원래의 대체에너지 설비투자 비율인 4.91에 비해 약 0.44%ₚ 감소한 것으로 볼 수 있다.

| 53~54 | 다음 그림과 표를 보고 물음에 답하시오.

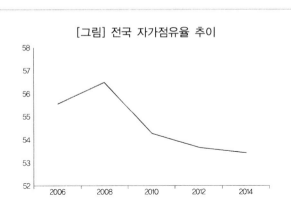

[그림] 전국 자가점유율 추이

[표] 수도권 및 지방 자가점유율

(단위 : %)

	2006	2008	2010	2012	2014
수도권	50.2	50.7	46.6	45.7	45.9
지방	60.3	61.4	61.2	61.2	60.9

※ 자가점유율 : 일반가구 중 자신이 소유한 주택에 거주하는 가구의 비율

53 다음 중 옳지 않은 것은?

① 수도권의 경우 자가점유율이 매 해마다 감소하고 있다.

② 지방의 경우 자가에 거주하는 가구의 비율이 60% 이상이다.

③ 전국의 자가점유율은 2008년 이후 감소하고 있다.

④ 전국의 자가점유율은 57%를 넘지 않는다.

 ① 2008년과 2014년에는 수도권 가구의 자가점유율이 증가했으며, 제시된 자료는 2년 단위이다.

54 2010년의 전국 가구 수가 16,096,500가구일 때, 자가에 거주하는 가구는 몇 가구인가?

① 약 8,300,000 가구 ② 약 8,500,000 가구

③ 약 8,700,000 가구 ④ 약 8,900,000 가구

 2010년 전국 자가점유율이 54.1~54.5 사이인 것으로 보이므로

• $16,096,500 \times 0.541 = 8,708,206.5$ • $16,096,500 \times 0.545 = 8,772,592.5$

약 8,700,000가구이다.

Answer ▸ 51.② 52.④ 53.① 54.③

┃55~56┃ 다음은 철수의 3월 생활비 40만 원의 항목별 비율을 나타낸 자료이다. 물음에 답하시오.

구분	학원비	식비	교통비	기타
비율(%)	35	15	35	15

55 식비 및 교통비의 지출 비율이 아래 표와 같을 때 다음 설명 중 가장 적절한 것은 무엇인가?

〈표1〉 식비 지출 비율

항목	채소	과일	육류	어류	기타
비율(%)	30	20	25	15	10

〈표2〉 교통비 지출 비율

교통수단	버스	지하철	자가용	택시	기타
비율(%)	50	25	15	5	5

① 식비에서 채소 구입에 사용한 금액은 교통비에서 자가용 이용에 사용한 금액보다 크다.
② 교통비에서 지하철을 타는데 지출한 비용은 식비에서 육류를 구입하는데 지출한 비용의 약 2.3배에 달한다.
③ 철수의 3월 생활비 중 교통비에 지출된 금액은 총 12만 5천 원이다.
④ 교통비에서 자가용을 타는데 지출한 금액은 식비에서 과일과 어류를 구입하는데 지출한 비용보다 크다.

(Tip) 각각의 금액을 구해보면 다음과 같다.

철수의 3월 생활비 40만 원의 항목별 비율과 금액

구분	학원비	식비	교통비	기타
비율(%)	35	15	35	15
금액(만 원)	14	6	14	6

〈표1〉 식비 지출 비율과 금액

항목	채소	과일	육류	어류	기타
비율(%)	30	20	25	15	10
금액(만 원)	1.8	1.2	1.5	0.9	0.6

〈표2〉 교통비 지출 비율과 금액

교통수단	버스	지하철	자가용	택시	기타
비율(%)	50	25	15	5	5
금액(만 원)	7	3.5	2.1	0.7	0.7

① 식비에서 채소 구입에 사용한 금액 : 1만 8천 원

　　교통비에서 자가용 이용에 사용한 금액 : 2만 1천 원

② 교통비에서 지하철을 타는데 지출한 비용 : 3만 5천 원

　　식비에서 육류를 구입하는데 지출한 비용 : 1만 5천 원

③ 철수의 3월 생활비 중 교통비 : 14만 원

④ 교통비에서 자가용을 타는데 지출한 금액 : 2만 1천 원

　　식비에서 과일과 어류를 구입하는데 지출한 비용 : 1만 2천 원+9천 원

56 철수의 2월 생활비가 35만 원이었고 각 항목별 생활비의 비율이 3월과 같았다면 3월에 지출한 교통비는 2월에 비해 얼마나 증가하였는가?

① 17,500원　　　　　　　　　　② 19,000원

③ 20,500원　　　　　　　　　　④ 22,000원

 2월 생활비 35만원의 항목별 금액은 다음과 같다.

구분	학원비	식비	교통비	기타
비율(%)	35	15	35	15
금액(만 원)	12.25	5.25	12.25	5.25

따라서 3월에 교통비가 14만 원이므로 2월에 비해 17,500원 증가하였다.

┃57~58┃ 다음은 호텔 4곳을 경영하는 다이스에서 2015년 VIP 회원의 직업별 구성 비율을 각 지점별로 조사한 자료이다. 물음에 답하시오. (단, 가장 오른쪽은 각 지점의 회원 수가 전 지점의 회원 총수에서 차지하는 비율이다.)

구분	공무원	기업인	자영업	외국인	각 지점/전 지점
A	30%	20%	10%	40%	20%
B	10%	40%	20%	30%	30%
C	10%	30%	20%	40%	40%
D	10%	40%	30%	20%	10%
전 지점	( )	32%	( )	35%	100%

57 다이스 각 지점에서 자영업자의 수는 전체 회원의 몇 %인가?

① 16%　　　　　　　　　　② 17%

③ 18%　　　　　　　　　　④ 19%

 A : 0.2×0.1 = 0.02 = 2(%)
B : 0.3×0.2 = 0.06 = 6(%)
C : 0.4×0.2 = 0.08 = 8(%)
D : 0.1×0.3 = 0.03 = 3(%)
∴ A+B+C+D = 19(%)

58 C지점의 회원 수를 3년 전과 비교했을 때 외국인의 수는 2배 증가했고 자영업자와 공무원의 수는 절반으로 감소했으며 그 외는 변동이 없었다. 그렇다면 3년 전 기업인의 비율은? (단, C지점의 2015년 VIP회원의 수는 200명이다.)

① 약 25.34%　　　　　　　② 약 27.27%

③ 약 29.16%　　　　　　　④ 약 31.08%

 2015년 C지점의 회원 수는 공무원 20명, 기업인 60명, 자영업자 40명, 외국인 80명이다.
따라서 2012년의 회원 수는 공무원 40명, 기업인 60명, 자영업자 80명, 외국인 40명이 된다.
이 중 기업인의 비율은 $\frac{60}{220}×100 ≒ 27.27\%$가 된다.

┃59～60 ┃ 다음에 제시된 투자 조건을 보고 물음에 답하시오.

투자안	판매단가(원/개)	고정비(원)	변동비(원/개)
A	2	20,000	1.5
B	2	60,000	1.0

1) 매출액 = 판매단가×매출량(개)
2) 매출원가 = 고정비+(변동비×매출량(개))
3) 매출이익 = 매출액−매출원가

59 위의 투자안 A와 B의 투자 조건을 보고 매출량과 매출이익을 해석한 것으로 옳은 것은?

① 매출량 증가폭 대비 매출이익의 증가폭은 투자안 A가 투자안 B보다 항상 작다.

② 매출량 증가폭 대비 매출이익의 증가폭은 투자안 A가 투자안 B보다 항상 크다.

③ 매출이익이 0이 되는 매출량은 투자안 A가 투자안 B보다 많다.

④ 매출이익이 0이 되는 매출량은 투자안 A가 투자안 B가 같다.

 ①② 매출량 증가폭 대비 매출이익의 증가폭은 기울기를 의미하는 것이다.
매출량을 x, 매출이익을 y라고 할 때,
A는 $y = 2x - (20,000 + 1.5x) = -20,000 + 0.5x$
B는 $y = 2x - (60,000 + 1.0x) = -60,000 + x$
따라서 A의 기울기는 0.5, B의 기울기는 1이 돼서 매출량 증가폭 대비 매출이익의 증가폭은 투자안 A가 투자안 B보다 항상 작다.
③④ A의 매출이익은 매출량 40,000일 때 0이고, B의 매출이익은 매출량이 60,000일 때 0이 된다. 따라서 매출이익이 0이 되는 매출량은 투자안 A가 투자안 B보다 작다.

60 매출량이 60,000개라고 할 때, 투자안 A와 투자안 B를 비교한 매출이익은 어떻게 되겠는가?

① 투자안 A가 투자안 B보다 같다.　　② 투자안 A가 투자안 B보다 작다.

③ 투자안 A가 투자안 B보다 크다.　　④ 제시된 내용만으로 비교할 수 없다.

 ㉠ A의 매출이익
　• 매출액 = 2×60,000 = 120,000
　• 매출원가 = 20,000+(1.5×60,000) = 110,000
　• 매출이익 = 120,000−110,000 = 10,000
㉡ B의 매출이익
　• 매출액 = 2×60,000 = 120,000
　• 매출원가 = 60,000+(1.0×60,000) = 120,000
　• 매출이익 = 120,000−120,000 = 0
∴ 투자안 A가 투자안 B보다 크다.

Answer ➔ 57.④ 58.② 59.① 60.③

03 상황판단능력

출제방향

상황판단능력은 총 25문항을 15분에 걸쳐서 진행한다. 직장생활을 하면서 직면할 수 있는 상황에 어떻게 대처하는지를 파악하기 위한 자료로써 별도의 정답이 존재하지 않는다. 회사의 입장에서 바람직한 판단을 고려하되, 솔직함이 전제되어야 하며 극단적인 선택은 하지 않는 것이 좋다. 본서에 수록된 50문항을 25문항씩 두 번에 걸쳐 실전처럼 활용해 보길 권한다.

▌1~50 ▌ 주어진 상황에서 자신이라면 어떻게 행동할지 가장 가까운 번호를 고르시오.

1   당신은 이제 막 들어온 신입이다. 회사에서 급하게 지시한 업무를 하다가 막히는 부분을 발견했다. 상사가 중요한 미팅건으로 외부에 나가있다면 어떻게 하겠는가?

① 다른 선배에게 상황을 말하고 대책을 물어본다.

② 상사에게 전화해서 물어본다.

③ 상사가 돌아올 때 까지 기다린다.

④ 급한 업무인 만큼 직접 해결한다.

2   당신은 팀장이다. 회사가 업무로 한참 바쁠 시기에 팀원 중 한명이 휴가를 내겠다고 한다. 어떻게 하겠는가?

① 바쁜 시기인 만큼 휴가를 다음에 쓰도록 팀원을 설득한다.

② 팀원에게 휴가를 허락한다.

③ 휴가를 허가하되 짧게 내도록 권한다.

④ 다른 팀장에게 조언을 구한다.

3 당신은 전날 회식으로 늦잠을 잤다. 급하게 가던 중에 눈앞에서 교통사고를 목격했다. 주변에 도와줄 사람이 몇 명 없다. 어떻게 하겠는가?

① 출근이 먼저이므로 그냥 지나간다.

② 주변사람을 불러온다.

③ 회사에 일이 생겨 늦겠다고 전화한다.

④ 병원까지 함께 한다.

4 당신은 이번 휴가에 가족과 해외 여행을 가기로 마음먹었다. 그러나 휴가 당일에 상사로부터 회사에 급한 일이 있으니 휴가를 다음으로 미루라고 지시를 받았다면 당신은 어떻게 하겠는가?

① 상사의 지시를 무시하고 여행을 간다.

② 상사의 지시에 따른다.

③ 가족들만이라도 여행을 보낸다.

④ 동료에게 일을 부탁한다.

5 당신은 팀장이다. 요 근래 야근이 잦을 정도로 업무가 밀려 정신이 없는 상황이다. 팀원들이 회식을 은근히 바라는 눈치다. 어떻게 하겠는가?

① 팀원들의 사기를 돋우기 위해 회식을 진행한다.

② 업무를 위해 회식을 후일로 미룬다.

③ 팀 분위기를 다시 살핀다.

④ 팀원이 직접 말할 때까지 기다린다.

6 당신은 열의를 가지고 새로운 방식으로 일을 제시하는 스타일이다. 그러나 매번 상사의 반대에 부딪혀 자신의 의견이 무시되었다면 당신은 어떻게 하겠는가?

① 새로운 방식으로 상사를 설득시킨다.

② 기존의 방식으로 다시 보고를 한다.

③ 새로운 방식과 기존의 방식의 절충안을 찾아본다.

④ 서로의 입장을 이해하여 같이 고민한다.

7 새로 들어온 신입사원이 눈치를 살피며 일을 게을리하는게 보인다. 업무시간에도 다른 일을 하다가 급하게 정리하기도 한다. 이 상황에서 당신은 어떻게 할 것인가?

① 요즘 행동에 대해 조용히 묻는다.

② 따로 불러내서 혼을 낸다.

③ 무시한다.

④ 상사에게 알린다.

8 이번 프로젝트에서 부장은 자신의 의견대로 회의를 마무리하려 한다. 그러나 당신은 다른 의견을 가지고 있다. 당신이라면 어떻게 하겠는가?

① 아무리 상사일지라도 자신의 의견을 확고히 말한다.

② 부하 직원에게 자신의 의견을 대신 말하라 지시한다.

③ 회사 생활을 위해 입을 꾹 다문다.

④ 회의가 끝난 후 부장님에게 따로 보고를 한다.

9 당신은 퇴근 도중에 사고가 나서 다음날 출근이 불가능하다. 병원에 입원해야 할 상황이라면 당신은 어떻게 하겠는가?

① 동료에게 일을 부탁한다.

② 상사에게 사고의 자초지종을 설명한다.

③ 어떻게든 회사에 출근한다.

④ 보험회사와 이야기하여 방법을 모색한다.

10 당신은 회사에서 불법적인 일을 행하는 상사의 모습을 발견했다. 당신이라면 어떻게 하겠는가?

① 회사에 해가 되는 일이라면 바로 신고한다.

② 상사에게 이런 일을 하는 이유를 묻는다.

③ 사회 생활을 위해 조용히 묻는다.

④ 상사의 일이므로 일단 모른체하고 대가를 요구한다.

11 당신은 매 회의마다 부장에게서 팀장 자질이 없다며 모욕 및 폭언을 당했다. 당신이라면 어떻게 하겠는가?

  ① 부장을 상대로 소송을 한다.
  ② 부장이 퇴사할 때까지 기다린다.
  ③ 예민한 직원으로 찍힐 수 있으므로 조용히 묻는다.
  ④ 다른 상사에게 도움을 요청한다.

12 당신은 입사한지 1년 차인 사원이다. 예상치 못하게 서울 본사에서 제주도로 발령이 났다면 당신은 어떻게 하겠는가?

  ① 힘들더라도 제주도에서 혼자 생활한다.
  ② 회사에 인사발령 취소를 요청한다.
  ③ 현재 회사를 그만두고 다른 회사를 찾아본다.
  ④ 가족들과 함께 제주도로 이사한다.

13 당신은 팀원들을 이끌고 야유회를 열 예정이다. 팀원 대다수는 좋아하지만 일부는 불참 의사를 밝히고 있다. 당신이라면 어떻게 하겠는가?

  ① 팀의 단합을 위한 것이므로 참여하도록 독려한다.
  ② 회사 일의 연장선이므로 불참사유서를 작성하게 한다.
  ③ 분위기가 흐트러질 수 있으므로 야유회를 엄격하게 진행한다.
  ④ 후배에게 따로 불참자를 만날 것을 지시한다.

14 점심시간을 제대로 활용하지 못할 정도로 회사에 일이 많다. 팀원들이 지친 기색이 역력하다면 당신이 팀장이라면 어떻게 하겠는가?

  ① 팀원들에게 별도의 휴식 시간을 제공한다.
  ② 팀원들에게 따로 간식을 제공한다.
  ③ 팀의 사정을 말하고 일을 마무리 하도록 재촉한다.
  ④ 다른 팀의 상황을 참고한다.

15 오늘 회식은 한식집에서 열기로 하였다. 그러나 당신은 하루종일 속이 메스꺼워 회식에 빠지고 싶다. 당신이라면 어떻게 하겠는가?

① 동료에게 말하고 혼자 빠진다.

② 상사에게 오늘은 사정이 있어서 다음에 참가하겠다고 말한다.

③ 회식에 참여하지 못하는 이유를 적은 사유서를 제출한다.

④ 그냥 상사의 말에 따른다.

16 갑자기 팀원 두 명이 식중독 증세를 보여 병원에 입원했다. 팀원들은 점심에 먹은 음식이 의심이 된다고 한다. 당신이라면 어떻게 하겠는가?

① 식당에 전화하여 상황을 알린다.

② 상사에게 현 상황을 알린다.

③ 다른 팀원들이 일을 처리할 것으로 생각하고 모른척한다.

④ 식중독 증세의 원인을 인터넷으로 검색한다.

17 당신은 들어 온지 얼마 안 된 신입사원이다. 오늘은 여자 친구와 만난지 300일이 되는 날이다. 그러나 공교롭게 회식일정이 겹치게 되었다. 당신이라면 어떻게 하겠는가?

① 여자 친구에게 전화로 사정을 이야기한 후 회식에 참여한다.

② 회식에 1차를 참여하고 여자 친구에게 간다.

③ 여자 친구에게 잠깐 들렸다가 회식 자리에 참여한다.

④ 상사에게 사정을 말하고 여자 친구에게 간다.

18 식당에서 점심을 먹은 후 계산을 하려는데, 지갑이 없는 것을 알았다. 당신이라면 어떻게 하겠는가?

① 후배에게 연락하여 지갑을 가지고 오라고 시킨다.

② 점심을 같이 먹은 동료에게 돈을 빌린다.

③ 식당 계산대에서 은행계좌번호를 받아온다.

④ 식당 주인에게 연락처를 주고 다음에 주겠다고 약속한다.

19 업무 시간에 컴퓨터가 인터넷이 먹통이 되었다. 상사가 자기 일이 많아 도움을 주지 못할 상황이라면 당신은 어떻게 하겠는가?

① 상사의 일이 다 마무리될 때까지 기다린다.

② 동료에게 도움을 요청한다.

③ 회사의 컴퓨터 담당 업무자에게 전화한다.

④ 어떻게든 혼자서 해결한다.

20 당신은 팀장이다. 들어 온지 얼마 안 되는 신입사원이 자꾸 졸고 있다. 이 상황에서 당신은 어떻게 하겠는가?

① 피곤한가 보다 하고 무시한다.

② 흔들어 깨운 후 따로 불러 따끔하게 혼낸다.

③ 사유서를 제출하도록 지시한다.

④ 당장 일어나라고 소리를 질러 깨운다.

21 당신의 부하 직원이 변심한 여자친구 때문에 힘들어하고 있다. 당신이라면 어떻게 하겠는가?

① 모르는 척 한다.

② 업무를 마친 후 술을 사주면서 고민을 함께한다.

③ 따로 휴식 시간을 제공한다.

④ 힘든 일을 다른 부하 직원에게 넘긴다.

22 당신은 팀장이다. 그런데 새로 들어온 신입사원이 당신보다 나이가 많다. 이 상황에서 당신은 어떻게 하겠는가?

① 사신보나 나이가 많으므로 인간적으로 존중한다.

② 회사는 위계질서가 있기 때문에 나이를 떠나 엄하게 대한다.

③ 다른 팀장에게 조언을 구한다.

④ 그냥 모르는 척 한다.

23 당신의 부하 직원이 출근하자마자 소화불량으로 굉장히 힘들어하고 있다. 부하 직원이 일을 제대로 못하고 있는 상황에서 당신이라면 어떻게 하겠는가?

① 반차를 쓰고 쉬라고 권유한다.
② 따로 불러내서 잠깐 쉴 시간을 제공한다.
③ 병원에 다녀오도록 지시한다.
④ 알아서 해결하도록 무시한다.

24 당신은 팀장이다. 갑자기 팀원 사이에 싸움이 나서 언성이 높아지고 있다. 이 상황에서 당신은 어떻게 하겠는가?

① 모르는 척 한다.
② 전체 팀원을 불러내서 따끔하게 혼낸다.
③ 이유를 불문하고 팀장이 보는 앞에서 일어난 사건이므로 엄한 처벌을 가한다.
④ 다른 팀원들을 불러 어떻게 된 일인지 상황을 파악한다.

25 당신은 부하 직원이 업무 시간에 스마트폰으로 게임을 하는 것을 목격했다. 주위에서도 해당 직원에 대해 봐주지 말라는 분위기이다. 당신이라면 어떻게 하겠는가?

① 처음 일어난 일이니 한 번의 기회를 준다.
② 앞으로 업무시간에 스마트폰을 만지지 못하게 지시한다.
③ 해당 직원을 따로 불러 따끔하게 혼낸다.
④ 주위 분위기에 따라 그 자리에서 바로 혼낸다.

26 당신은 인사팀에서 기획실로 발령이 났다. 새로운 부서원들과 관계가 서먹하여 관계개선을 위하여 노력을 하고자 한다. 당신이라면 어떻게 하겠는가?

① 친목을 위해 술자리를 자주 갖는다.
② 부서원들 일정을 일일이 관리해준다.
③ 부서원들을 파악한 후 적정선을 그어 상대한다.
④ 기획실의 분위기를 바꾸려고 노력한다.

27 어느 날 유대리는 당신에게 업무를 시켜 하는 도중에 박팀장은 또 다른 업무를 지시했다. 그러나 시간 관계상 두 가지 일을 모두 하기에는 힘든 상황이다. 당신이라면 어떻게 하겠는가?

① 유대리가 먼저 업무를 시켰으므로 이 업무부터 마무리한다.

② 박팀장이 직급이 더 높은 사람이므로, 이 업무부터 마무리한다.

③ 유대리가 시킨 업무를 먼저 하고, 이후 늦게라도 박팀장이 시킨 업무를 한 후 사정을 말씀 드린다.

④ 박팀장이 시킨 업무를 본인이 하고, 유대리가 시킨 업무는 다른 동료에게 부탁한다.

28 당신은 승진을 위해 1년 동안 무단한 노력을 해왔다. 그러나 당신과 함께 입사한 동료만 승진하게 되었다. 이 상황에서 당신은 어떻게 하겠는가?

① 회사에 대한 회의를 느껴 그만둔다.

② 부당한 승진에 대하여 인사권자에게 따진다.

③ 승진에 대해 부정이 있었음을 회사 홈페이지에 올린다.

④ 자신이 승진하지 못한 이유에 대하여 설명해줄 것을 인사권자에게 요청한다.

29 당신은 평소 친하게 지내던 동료와 1년간 교제를 하고 있다. 둘의 관계를 동료들에게 알리고 싶지만 워낙에 담당 팀장이 업무 효율을 운운하며 사내연애를 반대하는 통에 고민이 깊다. 당신이라면 어떻게 하겠는가?

① 자신의 상관의 의지가 확고하므로 조용히 묻는다.

② 친한 동료 몇몇과 이야기하여 방법을 연구한다.

③ 어쩔 수 없이 다른 부서로 이동한다.

④ 팀장에게 사실대로 고한다.

30 당신은 회사에 이익이 될 만한 아이디어를 가지고 있다. 그러나 신입사원인 당신의 아이디어를 상사는 하찮게 생각하고 있다. 그렇다면 당신은 어떻게 행동할 것인가?

① 아이디어가 받아들여지지 않더라도 내가 할 수 있는 한도에서 반영해본다.

② 아이디어 제도를 제시할 방법에 대해 고민한다.

③ 내 아이디어를 인정해주는 사람이 없으니 조용히 묻는다.

④ 아이디어를 인정받기 어려운 회사는 미래가 없다고 생각하여 회사를 그만둔다.

31 사무실의 냉장고에 자신의 점심식사를 위해 넣어놓은 음식을 누군가 일부 먹은 것을 확인했다. 어떻게 대처하겠는가?

① 다 먹은 것이 아니기 때문에 아무 일도 없는 듯 넘어간다.

② 자신의 식사이니 손대지 말 것을 당부하는 메모를 붙여놓는다.

③ 상사에게 누군가 자신의 것을 먹은 것 같다고 상의한다.

④ 누가 자신의 것을 먹었는지 모든 사원들에게 물어 확인해서 보상을 받는다.

32 같은 팀 동료의 컴퓨터를 잠깐 사용하는 동안에 우연히 그 동료가 메신저를 통해 자신의 친한 동기의 험담을 하고 있는 것을 발견하였다. 어떻게 대처하겠는가?

① 보지 못한 척 넘어간다.

② 그 동기에게 누군가 너의 험담을 하니 행동을 조심하라 일러준다.

③ 팀 동료에게 험담은 옳지 않으니 하지 않는 것이 좋겠다고 충고한다.

④ 상사에게 이러한 상황은 어찌해야 좋을지 상담한다.

33 할머니의 팔순잔치와 회사의 중요한 미팅이 겹쳤다. 당신의 행동은?

① 잔치에 참석해 인사만 하고 바로 미팅에 참석한다.

② 미팅에 참석하여 간단하게 보고 후, 잔치에 참석한다.

③ 미팅을 다른 동료에게 부탁하고 팔순잔치에 참석한다.

④ 할머니께 전화로 사정을 설명하고 미팅에 참석한다.

34 마감기한이 급한 업무를 처리하다가 오류를 발견했다. 상사가 빨리 업무를 마무리 지으라고 재촉하는 상황에서 어떠한 행동을 취하겠는가?

① 정해진 시간이 중요하기 때문에 무시하고 일단 마무리를 짓는다.

② 상사에게 상황을 설명하고 마감시간을 연장해달라고 부탁한다.

③ 마감시간보다 일의 완성도가 중요하므로 대대적으로 수정을 감행한다.

④ 다른 동료에게 문제가 생겼으니 자신을 도와달라고 요청한다.

35 출근길에 떨어진 만원을 발견했다. 경찰서에 가기엔 빠듯한 시간인데 어떻게 처리할 것인가?

① 근처의 가게에 돈이 떨어져 있었다며 설명하고 맡긴다.

② 상사에게 전화해 사정을 설명하고 경찰서에 돈을 맡긴다.

③ 출근시간과 양심을 모두 지키기 위해 무시하고 지나간다.

④ 액수가 크지 않으므로 가까운 편의점에 들려 전부 써버린다.

36 상사가 항상 작게 음악을 틀어놓거나 흥얼거리면서 일을 한다. 조용한 환경에서 효율이 올라가는 당신은 그 소리가 매우 신경 쓰인다. 당신의 행동은?

① 상사에게 직접 시끄럽다고 건의한다.

② 상사에게 이어폰과 마스크를 선물한다.

③ 동료들에게 상사의 험담을 하여 소문이 퍼지게 한다.

④ 상사의 상사에게 상담한다.

37 당신은 후배 B를 많이 아끼고 키워주고 싶다. 그래서 업무를 많이 맡겼다. 하루는 지나가다가 B가 동료들에게 당신이 자기만 일을 시킨다고 불평하는 것을 우연히 듣게 되었다. 이에 대한 당신의 반응은?

① 일을 더 많이 시킨다.

② 일을 시키지 않는다.

③ 불러서 혼낸다.

④ 아예 무시한다.

38 당신은 오늘 해야 할 업무를 다 끝마쳤다. 그런데 퇴근시간이 지나도 대부분의 동료들과 상사가 퇴근을 하지 않고 있다. 그렇다면 당신은?

① 그냥 말없이 퇴근한다.

② 인터넷 등을 하며 상사가 퇴근할 때까지 기다린다.

③ 상사나 동료들에게 도와줄 업무가 있는지 물어보고 없다면 먼저 퇴근한다.

④ 퇴근시간이 되었다고 크게 말한 후 동료들을 이끌고 함께 퇴근하도록 한다.

39 당신은 신입사원이다. 신입사원 교육의 일환으로 간부회의에 참석하게 되었다. 회의 중 간부 A가 설명하고 있는 내용이 틀렸다. 그 어떤 누구도 그것이 틀린 내용인지 모르는 것 같다. 당신은 그것이 명백히 틀렸다는 것을 알고 있다. 그렇다면 당신은?

① 그냥 모르는 척 한다.

② 나중에 간부를 찾아가 아까 말한 내용이 틀렸다고 말해준다.

③ 옆에 있는 동료에게 틀렸다고 귓속말을 해준다.

④ 회의 도중 손을 들고 그 내용이 틀렸다고 말한다.

40 당신의 동료 A가 당신에게 또 다른 동료인 B의 업무처리 능력에 관하여 불만을 토로하였다. 속도도 느리고 정보역시 정확하지 않아 일을 진행하는데 문제가 많다고 하소연을 하는데 이 상황에서 당신은 어떻게 하겠는가?

① 상사에게 말한다.

② A와 같이 험담한다.

③ B에게 가서 객관적으로 말을 전달한다.

④ A에게 직접 가서 이야기 하라고 한다.

41 유능한 인재였던 후배가 집안의 사정으로 점점 회사 일에 집중을 못하고 있는 상태이다. 주변사람들에게 알리는 것을 싫어하여 그 후배의 사정을 알고 있는 사람은 당신뿐, 점점 사람들이 안 좋게 평가를 내리고 있는 상황이다. 이때 당신은 어떻게 하겠는가?

① 사람들에게 알린다.

② 조용히 혼자 방법을 연구한다.

③ 후배를 설득하여 마음을 바꾸도록 한다.

④ 사람들과 이야기하여 방법을 연구한다.

42 평상시 일과 결혼한 사람처럼 일을 해오던 상사가 있다. 당신은 능력 있는 그 사람의 모습에 이성적인 매력보다는 일처리 능력을 존경하고 친하게 지내길 원했다. 여느 때와 다름없이 회식이 끝나고 같은 방향이라 동행하던 중 그 상사가 갑자기 고백을 해온다면 당신은 어떻게 할 것인가?

① 정중하게 거절한다.
② 상관이므로 어쩔 수 없이 만난다.
③ 거절 후 다른 부서로 이동한다.
④ 퇴사한다.

43 중요한 회의를 하고 있다. 그런데 점심에 먹은 것이 잘못되었는지 배에서 요동이 친다. 배가 아파 화장실이 너무 급한 상황이다. 당신은 어떻게 하겠는가?

① 회의가 끝날 때까지 최대한 참기 위해 노력한다.
② 잠시 회의의 중단을 요구하고 화장실을 다녀온다.
③ 회의의 진행에 방해가 되지 않게 조용히 화장실을 다녀온다.
④ 옆의 동료에게 말하고 화장실을 다녀온다.

44 성실하고 모든 일에 열심이라 생각했던 후배의 행동이 이상해졌다. 업무시간에도 눈치를 살피며 부르면 화들짝 놀라기도 한다. 회의시간엔 멍하니 있다가 혼나기도 여러 번이다. 이 상황에서 당신은 어떻게 할 것인가?

① 따끔하게 혼을 낸다.
② 조용하게 불러서 사정을 물어본다.
③ 모르는 척 한다.
④ 상사에게 알린다.

45 당신이 입사한 기업이 새로운 경영전략으로 해외시장진출을 목표로 하고 있다. 이 해외시장진출 목표의 일환으로 중국 회사와의 합작사업추진을 위한 프로젝트팀을 구성하게 되었다. 당신은 이 팀의 리더로 선발 되었으며, 2년 이상 중국에서 근무를 해야만 한다. 그러나 당신은 집안 사정 및 자신의 경력 계획 실현을 위하여 중국 발령을 원하지 않고 있다. 당신의 상사는 당신이 꼭 가야 만 한다고 당신을 밤낮으로 설득하고 있다. 당신은 어떻게 하였는가?

① 중국에 가고 싶지 않은 이유를 설명한 후 발령을 취소해 줄 것을 끝까지 요구한다.

② 회사를 그만둔다.

③ 해외발령을 가는 대신 그에 상응하는 대가를 요구한다.

④ 가기 싫지만 모든 것을 받아들이고 간다.

46 당신이 존경하는 상사가 회사를 위한 일이라며 회계장부의 조작 및 회사 자료의 허위조작 등을 요구한다면 당신은 어떻게 하겠는가?

① 회사를 위한 것이므로 따르도록 한다.

② 일 자체가 불법적이므로 할 수 없다고 한다.

③ 불법적 행위에 대하여 경찰에 고소하고 회사를 그만 둔다.

④ 존경하는 상사의 지시이므로 일단 하고 대가를 요구한다.

47 당신은 입사한 지 일주일도 안 된 신입사원이다. 당신이 속해 있는 팀과 팀원들은 현재 진행중인 프로젝트의 마무리로 인하여 매우 바쁜 상태에 있다. 그러나 신입사원인 당신은 자신이 해야 할 업무가 불명확하여 무엇을 해야 할지 모르고, 자신만 아무 일을 하지 않는 것 같아 다른 사람들에게 미안함을 느끼고 있다. 이런 경우 당신은 어떻게 하겠는가?

① 명확한 업무가 책정될 때까지 기다린다.

② 내가 해야 할 일이 무엇인지 스스로 찾아 한다.

③ 현재의 팀에는 내가 할 일이 없으므로 다른 부서로 옮겨줄 것을 요구한다.

④ 팀장에게 요구하여 빠른 시간 내에 자신의 역할이 할당되도록 한다.

48 당신은 현재 공장에서 근무를 하고 있다. 오랜 기간동안 일을 하면서 생산비를 절감할 수 있는 좋은 아이디어 몇 가지를 생각하게 되었다. 그러나 이 공장에는 제안제도라는 것이 없고 당신의 직속상관은 당신의 제안을 하찮게 생각하고 있다. 당신은 막연히 회사의 발전을 위하여 여러 제안들을 생각한 것이지만 아무도 당신의 진심을 알지 못한다. 그렇다면 당신은 어떻게 행동할 것인가?

① 나의 제안을 알아주는 사람도 없고 이 제안을 알리기 위해 이리저리 뛰어 다녀봤자 심신만 피곤할 뿐이니 그냥 앞으로 제안을 생각하지도 않는다.

② 제안제도를 만들 것을 회사에 건의한다.

③ 좋은 제안을 받아들일 줄 모르는 회사는 발전 가능성이 없으므로 이번 기회에 회사를 그만둔다.

④ 제안이 받아들여지지 않더라도 내가 할 수 있는 한도 내에서 제안할 내용을 일에 적용한다.

49 당신은 현재 부서에서 약 2년간 근무를 하였다. 그런데 이번 인사를 통하여 기획실로 발령이 났다. 기획실은 지금까지 일해오던 부서와는 달리 부서원들이 아주 공격적이며 타인에게 무관심하고 부서원들간 인간적 교류도 거의 없다. 또한 새로운 사람들에게 대단히 배타적이라 당신이 새로운 부서에 적응하는 것을 어렵게 하고 있다. 그렇다면 당신은 어떻게 행동할 것인가?

① 기획실의 분위기를 바꾸기 위해 노력한다.

② 다소 힘이 들더라도 기획실의 분위기에 적응하도록 노력한다.

③ 회사를 그만 둔다.

④ 다른 부서로 바꿔 줄 것을 강력하게 상사에게 요구한다.

50 친하게 지내던 동기가 갑자기 당신의 인사를 무시하기 시작하였다. 뿐만 아니라 회사의 사람들이 당신을 보고 수군거리거나 자리를 피하는 것 같다. 이 상황에서 당신은 어떻게 할 것인가?

① 친하게 지내던 동기에게 먼저 다가가 인사한다.

② 적극적으로 무슨 일인지 알아본다.

③ 아무렇지 않은 척 태연하게 회사를 다닌다.

④ 평소보다 더 잘 웃으며 즐겁게 회사를 다닌다.

PART

IV

일반상식평가

출제예상문제

출제예상문제

출제방향

일반상식평가는 총 50문항을 50분에 걸쳐서 진행한다. 일반상식 과목의 특성상 정치, 경제, 사회, 문화, 과학, 역사 등 다양한 분야에 대한 내용이 출제되므로 광범위한 학습이 요구된다. 현대를 살아가는 성인으로서 알아야 할 기본적인 상식 외에, 최근 이슈가 되고 있는 시사상식도 반드시 확인해야 한다.

1 다음 신용평가기관에 대한 설명 중 옳지 않은 것은?

① 우리나라의 대표적인 3개 신용등급 평가기관은 한국신용평가, 한국기업평가, 나이스 신용평가 기관이다.

② 세계3대 신용평가기관은 영국의 '피치 Ratings', 미국의 '무디스(Moody's)', '스탠더드 앤드 푸어스(S&P; Standard & Poor's)'이다.

③ 한국신용평가는 무디스 자본과, 한국기업평가는 피치 자본과 연결되어 있다.

④ 다우존스 지속가능경영지수(DJSI)는 우량기업 주가지수 중 하나로, 그 기준은 기업의 재무적 정보만을 대상으로 한다.

 DJSI는 기업을 단순히 재무적 정보로 파악하는 데 그치지 않고 지배구조, 사회공헌도 등을 토대로 지속가능경영을 평가해 우량기업을 선정한다.

2 다음 중 인플레이션의 양상을 나타내는 단어와 그 원인으로 바르게 연결되지 않은 것은?

① 차이나플레이션 – 중국의 임금 및 물가 상승

② 피시플레이션 – 일본의 수산물 수요 증가

③ 아이언플레이션 – 철강재 가격 상승

④ 에코플레이션 – 환경기준 강화

피시플레이션은 중국, 인도 등 신흥국들의 경제 성장으로 인해 수산물 소비가 급증함에 따라 수산물 가격이 오르는 현상을 말한다. 지구온난화에 따른 어족 자원 고갈도 그 원인 중 하나이다.

3 다음 사례에서 ㈎와 ㈏의 빈칸에 들어갈 용어로 바르게 연결된 것은?

㈎ 헬스케어 그룹 ○○는 글로벌 유명 브랜드와의 연이은 컬래버레이션으로 상대적으로 높은 가격에도 소비자들이 지갑을 열도록 하며 성장을 거듭하고 있는 대표 기업이다. ○○는 최근까지 디즈니와 마블, 람보르기니, 코닉세그에 이르기까지 전 세계적으로 각광 받는 브랜드와 컬래버레이션을 펼쳐왔다. 이를 통해 내수뿐 아니라 글로벌 시장에서도 주목을 받으며 제품 판매는 물론 브랜드 가치도 비약적으로 성장했다는 평가다. 이는 과시적 소비행태인 _____ 효과로 브랜드 가치가 크게 높아진 사례로 볼 수 있다.

㈏ 중국이 경기와 증시가 살아나고 위안화까지 절상된다면 한국 증시에도 좋은 영향을 미칠 것으로 기대된다고 △△경제신문이 밝혔다. 이는 한국 경기와 증시, 그리고 중국과의 동조화 현상이 뚜렷하기 때문인 것으로 보인다. 특히 상하이와 코스피 간 상관계수가 0.7로 높은 수치를 보이는 유커 _____ 효과 현상과도 밀접해 보인다. 위안화와 원화 간 상관계수 역시 0.8을 나타내고 있다.

– 2020. 1.

	㈎	㈏
①	스놉	밴드왜건
②	밴드왜건	락인
③	베블런	리카도
④	베블런	윔블던

 ㈎ 베블런 효과(Veblen effect) : 가격이 오르는데도 일부 계층의 과시욕이나 허영심 등으로 인해 수요가 줄어들지 않는 현상
㈏ 윔블던 효과(Wimbledon effect) : 국내시장에서 외국기업보다 자국기업의 활동이 부진한 현상 또는 시장을 개방한 이후 국내시장을 외국계 자금이 대부분 차지하게 되는 것을 가리킨다.

▮4~5▮ 다음에 제시된 자료를 보고 이어지는 물음에 답하시오.

〈2022년 ____㉠____ 종료에 따른 주요국 지표금리 개선 방향 및 대응 현황〉

국제기준	주요국 대응
기존 지표금리 개선	• 관리 및 통제 체계 구축 • 거래기반 확충 • 산출방법 개선
신규 무위험지표금리 개발	• 기존 지표금리 활용(일본, 호주, 스위스 등) • 신규 지표금리 개발(미국, 영국, EU 등)
법률 제·개정	• 「EU」 벤치마크법 제정 • ⓐ지표금리 관련 법률 제·개정(일본, 호주, 싱가포르)

오는 2022년 ____㉠____(이)가 중단됨에 따라 올해 6월까지 ____㉡____(이)나 환매조건부채권(RP)금리를 지표금리로 전환하는 방안이 추진된다. 우선 금융위원회의 지표금리 개선 추진단은 2022년부터 ____㉠____ 사용 신규계약을 점진적으로 축소하기로 했다. 이어 2020년 6월까지 국내 무위험지표금리를 선정할 계획이다. 주요국 사례를 감안해 익일물(만기 1일) ____㉡____ 또는 익일물 RP금리를 국내 무위험지표 후보금리로 유력하게 고려중이다. RP는 채권보유자가 일정 기간 후 다시 매입하는 조건으로 매도하는 채권이다. 현재 미국의 경우 새 지표를 개발했으며 영국과 유로지역 등은 기존 금리를 개선하고 일본은 금융기관 상호 간 단기 자금대차 이자율인 ____㉡____를 새 지표로 선정하고 있다.

4 위 자료에서 ㉠과 ㉡에 들어갈 금리의 종류로 알맞은 것은?

	㉠	㉡
①	우대금리	콜금리
②	리보금리	CD금리
③	우대금리	CD금리
④	리보금리	콜금리

 Tip ㉠ 리보(LIBOR) 금리 : 국제금융거래에서 기준이 되는 런던은행 간 금리를 말하며, 국제금융에 커다란 역할을 하고 있어 이 금리는 세계 각국의 금리결정에 주요 기준이 되고 있다.
㉡ 콜금리 : 금융기관 간에 남거나 모자라는 자금을 30일 이내의 초단기로 빌려주고 받는 것을 '콜'이라 하며, 이때 은행·보험·증권업자 간에 이루어지는 초단기 대차(貸借)에 적용되는 금리

5 일본, 호주, 싱가포르와 마찬가지로 우리나라도 금융위원회에서 밑줄 친 ⓐ를 제정하여 ⊙의 종료에 대비하고 있다. 2020년 11월 27일부터 시행되는 이 법은 무엇인가?

① 금융거래지표 관리에 관한 법률

② 무위험지표금리 관리에 관한 법률

③ 중요거래지표 관리에 관한 법률

④ 국제금융기구에의 가입조치에 관한 법률

 금융거래지표의 산출 및 사용에 관한 기본적인 사항을 정함으로써 금융거래지표의 타당성과 신뢰성을 확보하고, 금융거래의 투명성·효율성을 높여 금융소비자를 보호하고 금융시장을 안정시키려는 목적으로 「금융거래지표 관리에 관한 법률」이 제정되었다.

6 다음 사례에서 빈칸에 공통으로 들어갈 마케팅 전략은 무엇인가?

  평창동계올림픽을 앞두고 공식 후원업체와 경쟁사 간의 _____ 논란도 확대되고 있다.
  평창동계올림픽 공식 후원업체는 △△통신사, ○○은행, □□스포츠 등이다. 하지만 경쟁사인 □□텔레콤, △△금융, N스포츠도 평창동계올림픽 관련 광고를 제작해 방영했다. 공식 후원사가 아니라면 올림픽 관련 명칭이나 로고를 사용할 수 없기에 _____은 일반 명사를 활용해 진행된다. 공식 후원업체들은 경쟁사가 불법적인 행위를 저질렀다고 주장하지만, 업체들은 광고를 방영하는 방송사에 '협찬'을 했을 뿐 _____을 하지 않았다는 입장이다. 평창올림픽조직위원회는 _____을 하는 업체들이 특허법, 저작권법, 부정경쟁방지법 등에 저촉될 수 있다고 판단하고 있다.

  ‒ 2017. 12

---

① 크리슈머 마케팅

② 노이즈 마케팅

③ 앰부시 마케팅

④ 래디컬 마케팅

 앰부시(ambush)는 '매복'을 뜻하는 말로, 앰부시 마케팅이란 스포츠 이벤트에서 공식적인 후원업체가 아니면서도 광고 문구 등을 통해 올림픽과 관련이 있는 업체라는 인상을 주어 고객의 시선을 끌어 모으는 마케팅 전략을 말한다.

Answer 4.④ 5.① 6.③

7 다음 자료에서 ⑺는 1960년대 이전 C국에서의 물가상승률과 실업률 간의 관계를 나타낸 것이고, ⑷는 1980년 C국의 경제 상황을 설명한 것이다. ⑺와 ⑷에 대한 분석으로 옳은 것을 〈보기〉에서 모두 고르면?

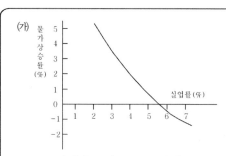

⑷ 1970년대의 오일 쇼크로 세계 경제가 수년간 저성장과 고물가 상황에 처했었다. C국 도 이 여파로 1980년에 스태그플레이션(stagflation) 현상을 경험하였다.

〈보기〉
㉠ C국의 중앙은행이 금리를 낮추면, ⑺와 ⑷의 경우에 물가상승률이 낮아진다.
㉡ ⑷는 C국의 물가상승률과 실업률 간의 음(−)의 상관관계를 나타내고 있다.
㉢ ⑷의 경제 상황을 ⑺의 물가상승률과 실업률 간의 관계로 설명하기에는 어려움이 따른다.
㉣ ⑺에서 C국이 긴축정책을 시행하면 물가는 안정되고 실업률은 높아진다.

① ㉠, ㉡　　　　　　　　　　② ㉠, ㉣
③ ㉡, ㉢　　　　　　　　　　④ ㉢, ㉣

 ⑺는 초기의 필립스 곡선이며, ⑷는 스태그플레이션 상황이다.
㉠ 중앙은행이 기준금리를 낮출 경우, 두 경우 모두 인플레이션이 나타난다.
㉡ 스태그플레이션 상황에서는 물가상승률과 실업률 간에는 양(+)의 상관관계가 있다.

8 현행 공직선거법에 따라 대통령 선거 및 국회의원 선거에서 선거권이 있는 최소 연령은?

① 20세　　　　　　　　　　② 19세
③ 18세　　　　　　　　　　④ 17세

 2020년 1월 개정된 공직선거법 제15조(선거권) 제1항은 '18세 이상의 국민은 대통령 및 국회의원의 선거권이 있다.'고 규정하고 있다.

9 다음 경제 현상을 나타내는 용어 중 바르게 연결되지 않은 것은?

① 하우스 디바이드(House Divide) – 주택 유무, 집값의 격차에 따라 계층 격차가 벌어지는 현상

② 하이인컴트랩(High-Income Trap) – 고소득자에게서 나타나는 비혼주의, 저출산 등으로 인해 경제성장률에 영향을 미치는 현상을 의미한다.

③ 세포마켓 – SNS를 통해 이루어지는 1인 마켓을 의미하며 계속해서 증식하는 특징을 나타내기도 한다.

④ 클래시 페이크(Classy Fake) – 가짜에 대한 관점이 바뀌며 생겨난 현상으로, 모피 대신 입는 인조털 '에코 퍼', 식물성 달걀 'Beyond Eggs'를 예로 들 수 있다.

 하이인컴트랩 : 선진국 대열에 들어선 경제가 저성장에 빠지는 현상을 의미한다. 이 현상을 겪는 나라는 고학력의 젊은 세대가 취업에 어려움을 겪게 되고 고임금 현상으로 제조업체가 해외로 이전하는 등의 이유로 경제성장률이 떨어지게 된다.

10 다음 중 '데이터3법'과 관련한 내용으로 옳지 않은 것은?

① 데이터 3법이란 '개인정보 보호법', '통신비밀보호법', '신용정보보호법(약칭)'을 일컫는다.

② 2020년 1월 '데이터 3법'이 통과되면서 개별 기업들이 관리하던 고객 정보를 기업 간에 상호 교류하고 활용하는 것이 가능하게 되었다.

③ 데이터 3법에 의하면 '개인 정보'는 가명으로만 가능하며, 이름뿐 아니라 전화번호와 이메일 등을 가린 정보도 '가명 정보'라 한다.

④ 행정안전부, 방송통신위원회, 금융위원회 등 정부 부처별로 나누어져 있던 개인정보 관리 및 감독권한을 개인정보보호위원회로 일원화하는 내용을 담고 있다.

 데이터 3법이란 '개인정보 보호법', '정보통신망법(약칭)', '신용정보보호법(약칭)'을 일컫는다.

Answer ⟶ 7.④ 8.③ 9.② 10.①

|11~12| 다음 글을 읽고 이어지는 물음에 답하시오.

- 1944년 출범한 이것은 기존의 금 대신 미국 달러화를 국제결제에 사용하도록 한 것으로, 금 1온스의 가격을 35달러로 고정해 태환할 수 있도록 하고, 다른 국가의 통화는 조정 가능한 환율로 달러 교환이 가능하도록 해 달러를 기축통화로 만든 것이다.
- 리처드 닉슨 대통령은 1971년 8월 15일 금과 달러의 태환을 중단한다고 발표했다. 이로써 기존의 이것이 사실상 와해되는 결과를 낳으며, 자본주의 경제는 거대한 전환기를 맞게 됐다.

11 위 글에서 밑줄 친 '이것'은 무엇인가?

① 바젤 협약   ② 국제앰네스티

③ 경제협력기본협정   ④ 브레튼우즈 체제

 브레튼우즈 체제 : 1930년 이래의 각국 통화가치 불안정, 외환관리, 평가절하경쟁, 무역거래 제한 등을 시정하여 국제무역의 확대, 고용 및 실질소득증대, 외환의 안정과 자유화, 국제수지균형 등을 달성할 것을 목적으로 1944년 7월 미국 브레튼우즈에서 체결되었다. 고정환율과 금환본위제를 통하여 환율의 안정, 자유무역과 경제성장의 확대를 추구하고자 하였다.

12 위 글에서 밑줄 친 이것의 문제점을 비판한 다음과 같은 주장을 나타내는 용어는?

> 달러화가 기축통화의 역할을 하기 위해서는 대외거래에서의 적자를 발생시켜 국외에 끊임없이 유동성을 공급해야 한다. 그러나 미국의 적자상태가 장기간 지속될 경우에는 유동성이 과잉돼 달러화의 가치는 흔들릴 수밖에 없다. 반면 미국이 대외거래에서 장기간 흑자상태를 지속하게 되면, 달러화의 가치는 안정시킬 수 있으나 국제무역과 자본거래를 제약할 수 있다. 적자와 흑자의 상황 모두에서 연출될 수밖에 없는, 달러화의 이럴 수도 저럴 수도 없는 모순이 발생하는 것이다.

① 샤워실의 바보   ② 트리핀 딜레마

③ 닉슨 쇼크   ④ 퍼펙트 스톰

 트리핀 딜레마 : 경제학자 로버트 트리핀이 브레튼 체제를 비판하면서 나온 말로, 브레튼우즈 체제하에서 전 세계 기축통화국인 미국이 직면했던 범세계적 · 보편적 가치와 국가적 이해관계 간 상충관계를 가리키는 말이다.

13 '곡물 가격이 상승하면서 일반 물가 역시 상승하는 현상에 대한 설명으로 옳지 않은 것은?

① 바이오 연료 등 대체 연료의 활성화, 가축 사료 수요의 증가는 위 현상을 부추기는 원인이 된다.

② 식량자급률이 30%를 밑도는 우리나라의 경우 심각한 영향을 받을 수 있다.

③ 최근 재배기술의 혁신으로 생산량이 크게 증가하여 위 현상에 대한 염려는 감소할 것이다.

④ 최근 코로나19 바이러스로 인해 세계 최대 밀 수출국인 러시아가 모든 종류의 곡물 수출을 제한하는 등 식량 공급망이 단절되고 있어 위 현상에 대한 불안이 대두되고 있다.

 '애그리컬처(agriculture)'와 '인플레이션(inflation)'의 합성어인 '애그플레이션(Agflation)'에 대한 설명이다. 지구온난화와 기상 악화로 인해 농산물의 생산량은 감소하고 있으며, 자급률 정도, 기상 악화, 외교 문제 등으로 인해 식량 안보 문제가 중요한 문제로 대두되고 있다.

14 다음 글에서 헌법 기관 A에 대한 설명으로 옳은 것은?

> '타다' 관계자 및 '타다' 이용자, '타다' 드라이버 등은 여객자동차운수사업법 개정안(일명 '타다 금지법')이 이용자 이동수단 선택을 제한해 국민 기본권을 침해한다고 주장하며 ___A___ 에 헌법소원을 청구했다. '타다(TADA)'는 2018년 10월 출범한 모빌리티 플랫폼이다.
>
> – 2020. 5.

① 사법부의 최고 기관이다.

② 위헌 법률 심판 제청권을 가진다.

③ 국가기관 상호 간의 권한에 대한 다툼을 심판한다.

④ 법률이 정한 공무원에 대한 탄핵 소추를 의결한다.

 A는 헌법재판소이다. 헌법재판소는 위헌법률심판, 탄핵심판, 정당해산심판, 권한쟁의심판, 헌법소원심판 등의 다섯 가지 헌법재판 권한을 행사한다. 보기 ③은 권한쟁의 심판에 대한 설명이다.
① 사법부의 최고 기관은 대법원이다.
② 위헌 법률 심판 제청권은 법원의 권한이다.
④ 탄핵 소추 의결권은 국회의 권한이다. 헌법재판소는 탄핵 심판권을 가진다.

Answer → 11.④ 12.② 13.③ 14.③

15 다음에 제시된 상황과 관련한 설명 중 옳지 않은 것은?

> 도널드 트럼프 미국 행정부가 온실가스 감축 합의 내용을 담은 ___㉠___ 탈퇴를 위한 공식 절차에 돌입했다. ___㉠___ 은 2015년 기후변화 대응에 전 세계가 동참한 역사적 합의로, 최종 탈퇴가 이뤄지면 미국은 전 세계에서 ___㉠___ 을 지지하지 않는 유일한 국가가 된다.
>
> — 2019. 11.

① ㉠은 2020년 만료되는 교토의정서를 대체하여 2021년부터 효력을 발휘한다.

② ㉠은 38개 선진국들을 대상으로 한다.

③ 우리나라의 경우 2030년 온실가스 배출전망치 대비 37% 감축을 목표로 한다.

④ ㉠은 '55개국 이상', '글로벌 배출량의 총합 비중이 55% 이상에 해당하는 국가의 비준'이라는 두 가지 기준이 충족되면서 발효되었다.

> (Tip) ㉠에 들어갈 말은 '파리기후변화협약'이다. 선진국들(38개국)만을 대상으로 했던 교토의정서와 달리, 파리기후변화협약은 당사국(195개국) 모두에 구속력이 있다. 2019년 미국이 UN에 파리협약 탈퇴를 선언하였으며, 규정에 따라 탈퇴 통보 1년 뒤에 최종적으로 탈퇴가 이루어진다.

16 다음 사례에서 ㉠과 ㉡에 대한 법적 판단으로 옳지 않은 것은?

> (가) 김 씨는 A가 경영하는 회사에 근무하면서 직장 동료의 권유로 노동 조합에 가입하였다. 그러자 ㉠A는 김 씨가 노동조합에 가입하였다는 이유만으로 인사상 불이익 조치를 취하였다.
> (나) 최 씨는 B가 경영하는 회사에 근무하면서 연장 근로에 관한 근로계약 내용을 변경해 줄 것을 요구했다. 그로부터 6개월 후 최 씨는 ㉡B로부터 정당한 이유 없이 구두로 해고를 당했다.

① 김 씨가 속한 노동조합은 ㉠을 이유로 노동위원회에 구제신청을 할 수 있다.

② 최 씨는 ㉡을 이유로 해고의 효력을 다투는 소를 제기할 수 있다.

③ 김 씨는 ㉠, 최 씨는 ㉡에 대해 노동 위원회에 구제 신청을 할 수 있다.

④ ㉠과 ㉡ 모두 근로자에 대한 부당 노동 행위에 해당한다.

> (Tip) ㉠은 근로자에 대한 부당 노동행위, ㉡은 부당 해고이다.
> 부당 노동행위에 대해서는 근로자뿐 아니라 회사의 노동조합도 노동위원회에 구제신청을 할 수 있다. 근로자는 부당 노동행위, 부당 해고 모두에 대해 노동 위원회에 구제 신청을 할 수 있으며, 부당 해고에 대해 해고 무효 확인소송을 제기할 수 있다.

17 전문가들은 'COVID-19'로 인해 '코로나 이전 시대'와 '포스트 코로나 시대'로 시대가 구분될 것이라고 말한다. 코로나가 우리 사회에 영향을 끼친 것, 혹은 앞으로의 사회 변화 양상으로 예측되는 것으로 올바르지 않은 것은?

> • 코로나의 위기는 우리 시대에 있어서 지극히 중요한 사건이 될 가능성이 있다.
> • 오래된 규칙은 산산조각이 나고, 새로운 규칙은 아직 쓰여 가고 있다.
> • 앞으로 한두 달 동안 각국 정부나 국제기구는 실제 조건에서 대규모 사회실험을 실시하게 될 것이다. 그리고 그것이 앞으로 몇십 년의 세계의 형태를 결정짓게 될 것이다.
>
> — 이스라엘 미래학자, 유발 하라리 —

① 온라인 강의 등 언택트(untact) 문화의 확산

② 개인정보자기결정권의 강화

③ 각국의 보편적 기본소득 정책 실행

④ 전쟁으로부터의 안보뿐 아니라 '환경 · 질병으로부터의 인간 안보' 의식

 세계적으로 '코로나19'가 확산되는 것을 막기 위해 디지털 추적이 가속화되고 있다. 노르웨이, 영국 등에서는 '추적 앱'을 도입했으며, 중국은 건강 신분증 QR 코드를 발급하였다. 우리나라 역시 위치정보 수집을 합법화했으며 카드결제 정보, CCTV 정보를 분석함으로써 개인의 동선을 파악하고 있다.

18 최저임금제도란 국가가 임금의 최저 수준을 정하고, 사용자에게 이 수준 이상의 임금을 지급하도록 강제함으로써 저임금 근로자를 보호하는 제도이다. 2020년 최저시급은 얼마인가?

① 7,850원   ② 8,170원

③ 8,590원   ④ 8,750원

 2020년 최저시급은 2019년 8,350원에서 약 2.9%(240원) 인상된 8,590원이다. 이를 주 소정근로 40시간, 유급 주휴 8시간 포함한 월급으로 계산하면 1,795,310원이다.

Answer ↝ 15.②   16.④   17.②   18.③

19 다음에서 설명하고 있는 것과 관련이 가장 적은 것은?

> 계좌조회·이체 등을 표준방식(API)으로 만들어 다른 금융 사업자에게도 개방하는 것을 말한다. 모든 은행의 계좌 이체·조회 시스템을 공유하는 '공동 결제시스템'인 것이다.

① 핀테크   ② 금융 노마드
③ 라스트핏 이코노미   ④ 오픈뱅킹

 '오픈뱅킹'에 대한 설명이다. 2019년 12월부터 모든 은행과 핀테크 기업 앱을 통해 시행되기 시작했으며, 이로 인해 은행 간 정보장벽이 사라져 소비자의 서비스 선택권이 강화되기 때문에 금리와 자산 관리 서비스 등 혜택에 따라 수시로 거래 은행을 이동하는 금융 노마드(유목민)가 나타난다. '라스트핏 이코노미(Immediate satisfaction)'는 2020년 한국 소비 트렌드로 언급된 것 중 하나로, 온라인과 비대면 사업이 늘어나면서 소비자와의 마지막 접점까지 고려하여 소비자가 얻는 최종적인 만족을 최적화하는 것을 말한다.

20 다음에서 설명하고 있는 정책에 대한 내용으로 옳지 않은 것은?

> 2019년 12월 16일에 기획재정부, 국토교통부, 금융위원회, 국세청 등이 관계부처 합동으로 발표한 「주택시장 안정화 방안」이다. 여기에는 투기적 대출 수요를 차단하고, 종합부동산세 강화 및 양도소득세 보완, 민간택지 분양가 상한제 적용지역 확대 등의 내용이 담겨 있다.

① 시가 9억 원을 초과하는 주택에 대한 담보대출인정비율이 20%로 변경된다.
② 시가 20억 원을 초과하는 초고가 아파트를 담보로 하는 주택구입용 주택담보대출이 금지된다.
③ 조정대상지역 2주택자에게 종합부동산세 상한이 200%에서 300%로 상향 조정된다.
④ 공급질서 교란행위뿐 아니라 불법 전매에 대해서도 일정기간(10년) 동안 청약이 금지된다.

 '12·16 부동산대책'에 대한 설명이다. 초고가 아파트(시가 15억 원을 초과)를 담보로 한 주택구입용 주택담보대출을 금지하는 내용을 담고 있다.

21 다음 중 우리나라 헌법전문에서 직접 언급되지 않은 것은?

① 기회균등   ② 권력분립

③ 평화통일   ④ 인류공영

 대한민국 헌법전문 … 유구한 역사와 전통에 빛나는 우리 대한민국은 3·1운동으로 건립된 대한민국임시정부의 법통과 불의에 항거한 4·19민주이념을 계승하고 조국의 민주개혁과 <u>평화적 통일</u>의 사명에 입각하여 정의·인도와 동포애로써 민족의 단결을 공고히 하고, 모든 사회적 폐습과 불의를 타파하며, 자유와 조화를 바탕으로 자유민주적 기본질서를 더욱 확고히 하여 정치·경제·사회·문화의 모든 영역에 있어서 각인의 <u>기회를 균등히</u> 하고 능력을 최고도로 발휘하게 하며, 자유와 권리에 따르는 책임과 의무를 완수하게 하여 안으로는 국민생활의 균등한 향상을 기하고 밖으로는 항구적인 세계평화와 <u>인류공영</u>에 이바지함으로써 우리들과 우리들의 자손의 안전과 자유와 행복을 영원히 확보할 것을 다짐하면서 1948년 7월 12일에 제정되고 8차에 걸쳐 개정된 헌법을 이제 국회의 의결을 거쳐 국민투표에 의하여 개정한다.

22 다음은 소득불평등 지표에 대한 설명이다. 바르게 짝지어진 것을 고르면?

> ㉠ 가계소득 상위 10%의 인구의 소득점유율을 하위 40% 인구의 소득점유율로 나눈 값이다.
> ㉡ 가로축은 순서에 따른 누적인구, 세로축은 누적소득을 나타내며, 기울기가 45도인 경우 완전한 평등을 나타낸다.
> ㉢ ㉡의 의미를 수치화한 것으로, 0~1 사이의 값을 가지며, 1에 가까워질수록 소득양극화가 극심한 것을 나타낸다.
> ㉣ 최하위 40% 소득계층의 점유율을 최상위 20% 소득계층의 점유율로 나눈 값이다.

	㉠	㉡	㉢	㉣
①	십분위분배율	로렌츠 곡선	앳킨슨 지수	팔마 비율
②	십분위분배율	지니 계수	십분위분배율	소득5분위배율
③	팔마 비율	앳킨슨 지수	지니 계수	소득5분위배율
④	팔마 비율	로렌츠 곡선	지니 계수	십분위분배율

 ㉠ : 팔마 비율, ㉡ : 로렌츠 곡선, ㉢ : 지니 계수, ㉣ : 십분위분배율
- 앳킨슨 지수 : 소득의 완전한 균등 분배란 전제하에서 현재의 사회후생 수준을 가져다 줄 수 있는 평균 소득이 얼마인지를 주관적으로 판단하고, 이를 한 나라의 1인당 평균 소득과 비교해서 그 비율을 따지는 지수
- 소득5분위배율 : 5분위계층(최상위 20%)의 평균소득을 1분위계층(최하위 20%)의 평균소득으로 나눈 값

Answer 19.③ 20.② 21.② 22.④

23 다음에서 설명하는 사상은 무엇인가?

> 18 ~ 19세기에 영국에서 발달한 윤리사상으로, 자기와 타인의 입장을 고려하여 어떻게 조화시킬 수 있는가를 탐구하고 나아가 개인의 행복을 사회 전체의 입장에서 고찰하려 한 사상이다. 가치 판단의 기준을 효용과 행복의 증진에 두어 벤담(J. Bentham)은 '최대 다수의 최대 행복'을 주장했다.

① 실존주의　　　　　　　　　② 실증주의
③ 공리주의　　　　　　　　　④ 구조주의

 공리주의는 개인주의와 합리주의를 사상적 기초로 공리를 증진시킴으로써 행위의 목적과 선악판단의 표준을 세우자는 공중적 쾌락주의로, '최대 다수의 최대 행복'을 주장한 벤담(J. Bentham)에 의해 창시되고 밀(J. S. Mill)에 이르러 완성되었다.

24 사람의 사고, 지각, 기억 등 정신작용을 담당하며 신체적 에너지로 전환되기도 하는 프로이드에 의해 주장된 에너지 체계는?

① 아노미(anomie)　　　　　　② 로고스(logos)
③ 이데아(idea)　　　　　　　④ 리비도(libido)

 ① 아노미(anomie) : 도덕적 · 사회적 무질서
② 로고스(logos) : 세계를 구성하고 지배하는 질서 · 이성 · 논리
③ 이데아(idea) : 사물 또는 현상의 본질

25 다음 중 바르게 연결되지 않은 것은?

① 실용주의 – 결정론적 세계관을 부정하고 행동과 실천을 중시하는 결과주의, 상대주의, 주관주의, 현실주의 철학
② 구조주의 – 구조를 형성하는 요소들 간의 동질성이 전제된 '교환'이라는 사고방식을 중시하며, 이러한 입장에서 사회구조와 체제, 의미론 등을 재구성하는 철학사조
③ 실존주의 – 초경험적 · 관념적인 실재를 부정하고, 모든 지식의 근원을 경험적인 사실에 한정하는 근대철학 사조
④ 공리주의 – 자기와 타인의 입장을 고려하여 어떻게 조화시킬 수 있는가를 탐구하고 나아가 개인의 행복을 사회 전체의 입장에서 고찰하는 사상

설명은 '실증주의'에 대한 것이다. '실존주의'는 관념론·유물론 등의 반동으로 일어났으며, 실존하는 것이 가치 있고, 비본래적인 자기에 대하여 본래적인 자기의 존재 방식을 탐구하는 사상이다.

---

26 매년 3월 미국 워싱턴 D.C.에서 연례 총회를 개최하고 있으며, 이 총회에는 이스라엘 총리는 물론 미국 대통령을 비롯하여 연방 의원들이 대거 참석한다. 오바마 대통령, 트럼프 대통령이 참석하여 직접 연설한 바 있다. 이스라엘에 유익한 일은 무조건 지지하며, 이를 실현하기 위해 미국 정부나 국회의원들에게 압력을 가하는 미국 내 유대인 최대의 로비단체는 무엇인가?

① GCI   ② AIPAC
③ UCLG   ④ IAEA

 지문은 AIPAC(American Israel Public Affairs Committee, 미국·이스라엘 공공정책협의회)에 대한 설명이다.
① GCI(Green Cross International, 국제녹십자) : 지구의 환경과 인류의 생존 보호를 목적으로 설립된 국제 비정부 환경단체이다.
③ UCLG(United Cites and Local Governments, 세계지방자치단체연합) : 전 세계 지방자치단체들을 대표하는 국제기구. 국제사회에서 지방자치단체들 간의 협력을 통한 단합된 목소리를 대변하고, 공동의 가치와 목표 및 이익을 국제사회에 대변하는 것을 목적으로 한다.
④ IAEA(International Atomic Energy Agency, 국제원자력기구) : 원자력의 평화적 이용을 위한 연구와 국제적인 공동관리를 위하여 설립된 국제기구이다.

---

27 도널드 트럼프 미국 대통령과 김정은 북한 국무위원장이 사상 최초의 북미 정상회담을 가졌다. 북미 양국은 회담 종료 후 완전한 비핵화, 평화체제 보장, 북미 관계 정상화 추진, 6·25 전쟁 전사자 유해송환 등 4개 항에 합의했다. 북한과 미국이 최초로 가진 이 정상회담은 무엇인가?

① 6·12 싱가포르 북미정상회담

② 2019 하노이 북미정상회담

③ 2·27 북미정상회담

④ 6·12 하노이 북미정상회담

 2018년 6월 12일 싱가포르에서 사상 최초로 북한과 미국의 정상회담이 이루어졌다. 이후 2019년에는 베트남 하노이에서 2차 북미 정상회담이 열리기도 하였다.

Answer ↱ 23.③ 24.④ 25.③ 26.② 27.①

28 특정 사실이 언론매체를 통해 이슈화되면 관심이 집중되고 새로운 사실로 받아들이며 이 관심이 확산되는 현상을 나타내는 용어는?

① 베르테르 효과   ② 루핑 효과

③ 나비 효과   ④ 피그말리온 효과

 ① 베르테르 효과(Werther effect) : 유명인이나 자신이 모델로 삼고 있던 사람 등이 자살할 경우, 이를 동일시하여 자살을 시도하는 현상
③ 나비효과(Butterfly Effect) : 아주 작은 사건 하나가 그것과는 별반 상관없어 보이는 곳까지 영향을 미친다는 이론
④ 피그말리온 효과(Pygmalion effect) : 누군가에 대한 사람들의 믿음이나 기대가 그대로 실현되는 현상

29 다음 보기의 연결이 바르지 않은 것은?

① 낭떠러지 효과 – 자신이 정통한 분야에 대해서는 임무수행능력이 탁월하지만 조금이라도 그 분야를 벗어나면 일시에 모든 문제해결능력이 붕괴되는 현상

② 디드로 효과 – 어떠한 금지나 인텐시브 없이도 인간 행동에 대한 적절한 이해를 바탕으로 타인의 행동을 유도하는 부드러운 개입을 뜻하는 말

③ 스티그마 효과 – 타인에게 무시당하거나 부정적인 낙인이 찍히면 행태가 나빠지는 현상

④ 래칫 효과 – 소득 수준이 높았을 때의 소비 성향이 소득 수준이 낮아진 만큼 줄어들지 않게 하는 저지 작용

 ② 넛지 효과(nudge effect)에 대한 설명이다. 행동경제학자 C.R. Sunstein과 R.H. Thaler의 「넛지」에 의하면, 팔을 잡아끄는 것처럼 강제에 의한 억압보다 팔꿈치로 툭 치는 부드러운 개입으로 특정 행동을 유도하는 것이 더 효과적이라고 한다.

30 환경 분야에서 뛰어난 업적을 세운 풀뿌리 환경운동가에게 수여되는 세계 최대 규모의 환경상은 무엇인가?

① 글로벌 500   ② 골드만 환경상

③ 녹색당상   ④ 몬트리올 환경상

 골드만 환경상에 대한 설명이다. '글로벌 500'은 유엔환경계획(UNEP)에서 지구환경보호에 특별한 공로가 인정되는 단체 또는 개인에게 수여되는 상이다.

31 공공부조의 기본원리에 대한 설명으로 옳지 않은 것은?

① 최저생활 보호의 원리 – 단순한 생계만이 아니라 건강하고 문화적인 수준을 유지할 수 있는 최저한도의 생활이 보장되어야 한다.

② 국가책임의 원리 – 빈곤하고 생활 능력이 없는 국민에 대해서는 궁극적으로 국가가 책임지고 보호한다.

③ 무차별 평등의 원리 – 사회적 신분에 따른 차별 없이 평등하게 보호받을 수 있어야 한다.

④ 생존권 보장의 원리 – 수급자가 최저한도의 생활을 유지할 수 없는 경우에 최종적으로 그 부족분을 보충한다.

 ④ 보충성의 원리에 대한 설명이다. '생존권 보장의 원리'란 생활이 어렵게 되었을 때 자신의 생존을 보장받을 수 있는 권리가 국민에게 법적으로 인정되는 원리이다.

※ 이외에도 공공부조의 원리에 자립 조성의 원리가 있다. 이는 자립적이고 독립적으로 사회생활에 적응해 나가도록 도와야 한다는 것을 의미한다.

32 정부는 5대 식품 분야를 집중적으로 육성함으로써 2022년까지 산업규모를 17조 원까지 늘리겠다고 하는 '식품산업 활력 제고 대책'을 발표하였다. 다음 중 5대 식품 분야에 해당하지 않는 것은?

① 냉장가공 식품
② 수출 식품
③ 간편 식품
④ 맞춤형 식품

 정부는 식품소비 트렌드를 반영해 맞춤형·특수 식품(메디푸드, 고령친화식품, 대체식품, 펫푸드 등), 기능성 식품, 간편식품, 친환경식품, 수출식품을 중요 5대 유망분야로 선정하였다.

33 사용자가 컴퓨터와 정보 교환 시 키보드를 통한 명령어 작업이 아닌 그래픽을 통해 마우스 등을 이용하여 작업할 수 있는 환경을 무엇이라고 하는가?

① GUI
② bluetooth
③ UCC
④ P2P

 GUI는 그래픽 사용자 인터페이스(Graphical User Interface)로 사용자가 컴퓨터와 정보를 교환할 때, 문자가 아닌 그래픽을 이용해 정보를 주고받는다.

Answer ⏎ 28.② 29.② 30.② 31.④ 32.① 33.①

34 다음은 어느 기사의 일부이다. 이에 대한 설명으로 옳지 않은 것은?

> 약 3천km에 이르는 가스관은 이르쿠츠크, 사하 등 러시아 동시베리아 지역의 가스전에서 생산되는 천연가스를 러시아 극동과 중국 동북 지역까지 보내는 데 사용될 계획이다. 건설 전체 계약금액만 4천억 달러(약 472조원)에 이르는 것으로 알려졌으며, 오늘 (12. 2.) 개통되었다.
>
> – 2019. 12.

① '시베리아의 힘'이라고 불리는 (구소련 붕괴 이후) 러시아 최대 규모의 에너지 프로젝트이다.

② 개통 이후 러시아는 30년간 연 380억m^3에 이르는 천연가스를 중국으로 보내게 된다.

③ 몽골 등을 경유하므로 러시아로서는 에너지 시장의 다변화를 꾀할 수 있다.

④ 대외경제정책연구원에 따르면, 이번 프로젝트를 계기로 러시아 측에서는 미국산 셰일가스와의 경쟁 구도에서 우위를 점하는 자국산 에너지 자원 수송 인프라를 구축했다고 볼 수 있다.

> (Tip) 2019년 12월에 개통한 '시베리아의 힘' 파이프라인은 중국 시장 한 곳만 확보한 '모노 마켓형' 수송 인프라이다.

35 'IMO 2020'에 대한 설명으로 옳지 않은 것은?

① 국제해사기구(International Maritime Organization)에서 정한 국제환경규제이다.

② 선박연료의 배기가스에 포함되는 오염물질인 황산화물(SO_x) 함유량 기준을 강화하여 기존 3.5%에서 그 절반으로 낮추는 것을 핵심내용으로 한다.

③ 황 함유량이 적은 저유황유를 선박유로 사용하거나, 기존 선박에 탈황장치(스크러버)를 부착하는 방식으로 IMO 2020에 대응할 수 있다.

④ LNG 연료추진선, LNG 운반선에 대한 필요성이 높아져 국내 조선사로서는 국내외로부터 이에 대한 수요(수주) 증가를 기대할 수 있다.

> (Tip) IMO 2020은 선박연료의 배기가스에 포함되는 오염물질인 황산화물(SO_x) 함유량을 기존 3.5%에서 0.5%로 낮추는 국제환경규제이다.

36 다음은 「저탄소 녹색성장 기본법」(녹색성장법)의 일부이다. ⊙에 해당하는 것의 종류가 아닌 것은?

> 제2조(정의)
>
> …(중략)…
>
> 4. "녹색산업"이란 경제·금융·건설·교통물류·농림수산·관광 등 경제활동 전반에 걸쳐 에너지와 자원의 효율을 높이고 환경을 개선할 수 있는 재화(財貨)의 생산 및 서비스의 제공 등을 통하여 저탄소 녹색성장을 이루기 위한 모든 산업을 말한다.
> 5. "___⊙___"이란 에너지·자원의 투입과 온실가스 및 오염물질의 발생을 최소화하는 제품을 말한다.
> 6. "녹색생활"이란 기후변화의 심각성을 인식하고 일상생활에서 에너지를 절약하여 온실가스와 오염물질의 발생을 최소화하는 생활을 말한다.
> 7. "녹색경영"이란 기업이 경영활동에서 자원과 에너지를 절약하고 효율적으로 이용하며 온실가스 배출 및 환경오염의 발생을 최소화하면서 사회적, 윤리적 책임을 다하는 경영을 말한다.

① 저탄소 인증 제품

② 매연저감장치 부착 인증 제품

③ 우수재활용 인증 제품

④ 환경표지 인증 제품

 환경부는 「저탄소 녹색성장 기본법」(2005)을 제정하고 녹색제품 인증제도를 만들었다. 녹색제품이란 제품을 만드는 데 소비되는 에너지·자원을 줄이고, 생산 과정에서 온실가스 발생을 최소화한 것 중 정부가 공식적으로 인증한 제품을 가리킨다. 환경표지 인증제품, 우수재활용 인증제품과 함께 「녹색제품 구매촉진에 관한 법률」에 따라 2020. 7. 30.부터 저탄소 인증제품이 녹색제품에 해당된다.

37 현재의 경기상태를 나타내는 지표를 동행지수라고 한다. 다음 중 동행지수의 지표가 아닌 것은?

① 도소매판매액지수

② 비농가취업자 수

③ 중간재출하지수

④ 생산자출하지수

 동행지수 · 현재 경기동향을 보여주는 지표로 노동투입량, 산업생산지수, 제조업가동률지수, 생산자출하지수, 전력사용량, 도소매판매지수, 비내구소비재출하지수, 시멘트소비량, 실질수출액, 실질수입액 등 10개 지표를 합성해 산출한다.

Answer ☞ 34.③ 35.② 36.② 37.③

38 다음은 과학기술관계장관회의(과학기술정보통신부, 산업통상자원부, 환경부, 국토교통부, 해양수산부, 특허청)에서 발표한 「수소 기술개발 로드맵」(2019)의 일부이다. 이는 수소경제 선도국으로 도약하는 것을 목표로 한다. '수소 경제'에 대한 설명으로 가장 적절하지 않은 것은?

세계 최고수준 기술력 확보로 수소경제 선도국으로 도약
⇑
1. 저가 수소 대량 생산 기술 상용화, 그린수소 생산 기술 개발
2. 수소를 저장 및 운송할 수 있는 핵심기술 확보, 전략적 운송 인프라 구축
3. 연료전지시스템 기반의 수송수단 저변 확대
4. 발전용 연료전지시스템 고효율·저가화 기술 확보
5. 수소 안전·제도 완비 / 표준 선점 / 보급 기반 확대

① 미국의 미래학자 제레미 리프킨은 '수소혁명으로 수소는 인간 문명을 재구성하고 세계 경제와 권력 구조를 재편하는 새로운 에너지 체계로 부상할 것'이라고 예측하였다.

② 기존의 탄소 경제 체제에서는 지리적 이점을 지닌 국가가 유리했다면, 수소 경제는 지리적 한계로부터 비교적 자유롭다.

③ 탄소 경제에서 기술경쟁력과 규모의 경제를 확보하는 것이 중요했다면, 수소 경제에서는 '자원을 개발하고 에너지를 확보'하는 경쟁에서 선점을 취하는 것이 중요하다.

④ 온실가스, 대기오염물질 배출이 문제되는 탄소 경제와 달리 수소 경제는 상대적으로 온실가스 배출이 적어 친환경적이라는 평가를 받고 있다.

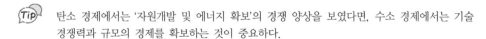 탄소 경제에서는 '자원개발 및 에너지 확보'의 경쟁 양상을 보였다면, 수소 경제에서는 기술 경쟁력과 규모의 경제를 확보하는 것이 중요하다.

39 다음 설명에 공통으로 해당하는 것은?

> • 물품의 형상, 모양, 색채 등에서 심미감을 느낄 수 있는 창작 작품에 부여한다.
> • 가전제품의 디자인, 음료수 캔의 모양 등에 해당하는 산업 재산권이다.

① 저작권   ② 디자인권

③ 정보 재산권   ④ 소프트웨어권

 디자인권이란 디자인을 등록한 자가 그 등록디자인에 대하여 향유하는 독점적·배타적 권리이다.

40 다음에 나타난 생활 서비스 산업의 트렌드로 가장 적절한 것은?

> 최근 ○○업체는 150개의 센서가 내장되어 있는 바디슈트를 선보였다. 이 슈트를 입고 스마트폰으로 연결하면 허리와 가슴둘레 같은 기본적인 치수는 물론 목, 손목둘레까지 인체 모든 부위의 치수 데이터를 얻을 수 있다. 이 데이터는 의류 제품 검색이나 구입에 활용될 뿐만 아니라 온라인 쇼핑의 큰 단점인 제품 사이즈에 대한 불만을 해소하는 데 활용될 전망이다.
>
> – 2018. 7. –

① 액티브 웨어의 일반화
② 리사이클링 패션의 확대
③ 유니버설 디자인의 추구
④ 정보기술과 패션의 융합

 제시문은 정보기술을 패션 산업에 활용되는 사례를 나타내고 있다.
• 유니버설 디자인 : 성별, 연령, 국적, 문화적 배경, 장애의 유무에도 상관없이 누구나 손쉽게 쓸 수 있는 제품 및 사용 환경을 만드는 디자인

41 도시의 급격한 팽창에 따라 대도시의 교외가 무질서·무계획적으로 주택화 되는 현상을 말하는데, 이는 대개 교외 도시계획과 무관하게 땅 값이 싼 지역인 교외로 주택이 침식해 들어가면서 생겨난다. 토지이용과 도시시설 정비에 비경제적인 이 현상을 무엇이라 하는가?

① 스프롤 현상　　　　　　　　② 도넛 현상
③ U턴 현상　　　　　　　　　④ J턴 현상

 ② 도넛 현상(doughnut) : 대도시의 거주지역과 업무의 일부가 외곽지역으로 집중되고 도심에는 상업기관·공공기관만 남게 되어 도심은 도넛 모양으로 텅 비어버리는 현상이다. 도시 내 지가 상승, 생활환경의 악화, 교통 혼잡 등이 원인이 되어 발생하며 도심 공동화현상이라고도 한다.
③ U턴 현상 : 대도시에 취직한 시골 출신자가 고향으로 되돌아가는 노동력 이동을 말한다. 공장의 지방 진출로 인해 고향에서의 고용기회가 화대되고 임금이 높아지면서 노동력의 이동현상이 나타나고 있다.
④ J턴 현상 : 대도시에 취직한 지방 출신자가 고향으로 돌아가지 않고 지방 도시로 직장을 옮기는 형태의 노동력 이동 현상을 말한다.

Answer → 38.③ 39.② 40.④ 41.①

42 다음 중 '네오블루 칼라(neo-blue collar)'에 대한 설명으로 옳은 것은?

① 세계 정치 · 경제 · 문화의 다양한 콘텐츠들을 섭렵하여 자신의 꿈을 좇아 변신한 인 터넷 사업가

② 새로운 감성 미학을 표현해내고 개성을 추구하는 등 특유의 신명으로 일하는 영 화 · CF 업계의 감성 세대

③ 창의적인 아이디어와 뛰어난 컴퓨터 실력으로 언제라도 벤처 창업이 가능한 새로운 형태의 고급 노동자

④ 참신한 아이디어와 개성으로 소비자의 욕구를 만족시켜주는 기획 관련 업종을 지칭 하는 광고디자인, 기획, 패션업계 종사자

 ① 르네상스 칼라(renaissance collar)에 대한 설명이다.
③ 실리콘 칼라(silicon collar)에 대한 설명이다.
④ 레인보우 칼라(rainbow collar)에 대한 설명이다.

43 다음 중 '4차 산업혁명'과 관련 깊은 기술에 해당되지 않는 것은?

① IoT
② 클라우드 기술
③ DNS
④ 빅데이터 기술

 ③ DNS(Domain Name System): 네트워크에서 도메인이나 호스트 이름을 숫자로 된 IP 주소로 해석해주는 TCP/IP 네트워크 서비스를 말한다. kr(한국), au(호주), ca(캐나다) 등과 같이 알파벳과 숫자 문자열로 구성된다.
① IoT(사물인터넷): 생활 속에서 사용하는 물건들이 서로 인터넷으로 연결되어 정보를 주 고 받을 수 있도록 하는 기술
② 클라우드 기술: 인터넷상의 서버에 정보를 영구적으로 저장하고, 이 정보를 데스크톱 · 노트북 · 스마트폰 등을 이용해서 언제 어디서나 정보를 사용할 수 있는 컴퓨팅 환경이 가능하도록 하는 기술
④ 빅데이터 기술: 방대한 양의 데이터 중 필요한 데이터만 추출하여 새로운 분야에 활용되 도록 하는 기술

44 다음 빈칸에 공통으로 들어갈 위성으로 알맞은 것은?

> 과학기술정보통신부, 해양수산부는 _____가 촬영한 지구 해양관측 영상을 최초로 공개했다. _____는 지난 2020년 2월 19일, 발사에 성공하고 3월 6일, 목표 정지궤도에 안착한 이후 최근까지 위성본체와 탑재체에 대한 상태점검을 수행했다.
>
> _____는 기존 위성으로 식별하기 어려웠던 항만과 연안 시설물 현황, 연안 해역의 수질 변동, 유류유출 발생 등에 대한 다양한 해양정보를 신속하게 제공할 수 있을 것으로 기대된다.
>
> – 2020. 5.

① 무궁화 2호
② 우리별 3호
③ 천리안 2A호
④ 천리안 2B호

 천리안 2B호는 세계최초의 환경탑재체가 장착된 정지궤도 위성으로, 동아시아 전역의 대기오염 등을 실시간으로 추적한다. 2020년 10월부터는 해양 정보를, 2021년부터는 대기환경 정보를 제공한다.

45 지난 2019년 정부(과학기술정보통신부)는 「인공지능 국가전략」을 발표하였다. 이에 대한 설명으로 옳지 않은 것은?

① 'IT 강국을 넘어 AI 강국으로'라는 비전을 가지고 있으며, 디지털 경쟁력 세계 3위를 목표로 한다.
② 국무총리 직속의 4차 산업혁명위원회가 「인공지능 국가전략」 등 AI 정책 추진 컨트롤 타워이다.
③ 신개념 반도체 PIM을 개발하여 AI 기술경쟁력을 확보하는 것이 중요 과제이다.
④ 2024년을 목표로 지역 산업과 AI 융합의 거점이 될 'AI 집적단지'가 광주광역시에 조성된다.

 「인공지능 국가전략」 정책 실행을 적극 지원하는 4차 산업혁명위원회는 대통령 직속이다.
• PIM(Processor-In-Memory) : 정보를 저장하는 '메모리 반도체'와 정보의 연산, 제어 기능을 가진 '비메모리 반도체'를 합한 '지능형 반도체'이다.

Answer ▸ 42.② 43.③ 44.④ 45.②

46 우리나라는 지난 2019년 4월 세계 최초로 5세대 이동통신(5G) 상용화에 성공한 바 있다. 다음 중 5G에 해당하는 설명으로 옳지 않은 것은?

① 사용자당 최대 10Gbps의 데이터 전송속도를 목표로 한다.

② 고신뢰·초저지연 통신능력을 통해 로봇 원격 제어와 차량의 자율주행이 가능하다.

③ 기존 기술에서는 휴대폰 간 연결이 가능했다면, 5G는 수많은 사물인터넷 기기와 연결이 가능(대규모 사물통신)하다.

④ 5G 네트워크의 핵심 기술로 빔포밍(beam forming) 기술, MEC(Mobile Edge Computing) 기술 등이 있다.

 사용자당 최대 20Gbps의 데이터 전송속도를 목표로 하며, 이는 LTE 대비 20배 빠른 속도이다. 빔포밍은 스마트 안테나의 한 방식으로 안테나의 빔이 해당 단말에게만 국한하여 비추도록 하는 기술이다. MEC는 포그 컴퓨팅(Fog computing)이라고도 하며 방대한 양의 데이터를 먼 곳에 있는 커다란 데이터 서버에 저장하지 않고, 데이터 발생 지점 근처에서 처리할 수 있도록 하는 기술이다.

47 다음 설명에 해당하는 것은?

> • 기질 특이성이 있다.
> • 온도와 pH의 영향을 받는다.
> • 생물체 내 화학반응이 잘 일어나도록 촉매 역할을 한다.

① 핵산
② 효소
③ 뉴런
④ ATP

 효소의 특징
㉠ 효소가 작용하는 물질을 기질이라 하며, 한 종류의 효소는 특정한 기질에만 반응하는 기질 특이성이 있다.
㉡ 효소는 적절한 pH 범위에서 활성이 크게 나타나며, 효소마다 최적 pH가 다르다.
㉢ 효소는 적절한 온도 범위에서만 활성을 나타낸다(최적 온도 : 35~40℃).

48 다음 중 물의 특성에 대한 설명으로 옳지 않은 것은?

① 영양소의 용매로서 체내 화학반응의 촉매 역할과 삼투압을 조절하여 체액을 정상으로 유지시킨다.

② 체온의 항상성을 유지한다.

③ 신체의 새로운 조직을 만드는데 필요한 성분으로 체중의 약 16%를 차지하고 있다.

④ 세포의 형태를 유지시키고, 신진대사 활동을 촉매한다.

 ③ 단백질에 대한 설명이다.
※ **기타 물의 역할**
　　㉠ 완충제, 윤활제로서 음식을 삼킬 때 타액이 분비되며, 관절 활액을 형성하여 인체 각 관절의 완충제로 작용한다.
　　㉡ 눈, 코, 귀, 입 등 피부와 점막을 건조하지 않게 적셔 준다.
　　㉢ 영양소(아미노산, 포도당, 비타민, 미네랄)를 용해시켜 소화 흡수하게 한다.
　　㉣ 산소와 영양분을 혈관을 통해 혈액을 매개로 60조 개의 세포로 빠짐없이 운반한다.

49 다음에서 설명하고 있는 것은?

> 태어날 때부터 인공지능(AI)과 같은 디지털 기술을 놀이로 체험하고 받아들인다. 로봇과 친숙하게 소통하며 명령에 반응하고 감정을 표현할 줄 아는 로봇 장난감, 직접 코딩으로 움직일 수 있는 조립형 블록, 다양한 증강현실처럼 음성과 이미지로 더 많이 소통하고, 개인화 서비스에 익숙하다.

① 감마 세대　　　　　　　　　　② 와이 세대
③ 알파 세대　　　　　　　　　　④ 베타 세대

 알파 세대는 2011 ～ 2015년에 태어난 세대로, 이들은 태어날 때부터 인공지능(AI)과 같은 디지털 기술을 놀이로 체험하고 받아들인다. 로봇과 친숙하게 소통하는 것 역시 알파 세대의 특징 중 하나다.

Answer ☞ 46.① 47.② 48.③ 49.③

50 다음에서 설명하고 있는 이론은 무엇인가?

> 해안선이나 구릉 등 자연계의 복잡하고 불규칙적인 모양은 아무리 확대해도 미소 부분에는 전체와 같은 불규칙적인 모양이 나타나는 자기 상사성(相似性)을 가지고 있다는 이론이다. 어떤 복잡한 곡선도 미소 부분은 직선에 근사하다는 미분법의 생각을 부정했으며, 어디에서도 미분할 수 없는 곡선을 다루는 기하학, 컴퓨터 그래픽스에서는 이 이론을 바탕으로 실물에 매우 가까운 도형을 그릴 수 있게 되었다.

① 퍼지 이론(fuzzy set theory)　　　② 정보 이론(information theory)
③ 프랙탈 이론(fractal theory)　　　④ 카오스 이론(chaos thoery)

 ① **퍼지 이론** : 불분명한 상황에서 여러 문제들을 두뇌가 판단하는 과정에 대하여 수학적으로 접근하려는 이론
② **정보 이론** : 물리계·생체 또는 그 양자를 포함하는 계에서의 정보의 전달 및 처리에 관한 이론
④ **카오스 이론** : 겉으로는 불규칙적으로 보이면서도 나름대로 질서를 지니고 있는 현상들을 설명하려는 이론

51 다음 제시문에서 설명하고 있는 용어는?

> 미국의 경영학자 메러디스 벨빈이 「팀 경영의 성공과 실패」라는 책을 통해 이 신드롬을 처음 소개했으며 한국에서는 「팀이란 무엇인가」라는 제목으로 출판됐다. 일반인보다 뛰어나고 우수한 인재 집단은 어렵고 복잡한 일을 쉽게 해결하고 높은 성과를 낼 것이라는 기대와는 달리 이에 미치지 못하는 성과를 냈다. 벨빈은 이 실험을 통해 뛰어난 인재가 모이는 것보다 팀워크가 훨씬 중요하다는 결론을 내렸다.

① 갈라파고스 신드롬　　　　　② 아폴로 신드롬
③ 필패 신드롬　　　　　　　　④ 스탕달 신드롬

 메러디스 벨빈은 영국 헨리 경영대에서 팀 역할 이론을 연구하기 위해 다양한 집단을 만들어 그 성과를 평가했다. 그의 연구팀은 두뇌가 명석한 이들로만 구성된 집단을 만들어 '아폴로 팀'이라 이름붙이고 뛰어난 성과를 기대했다. 하지만 아폴로 팀은 극히 낮은 수준의 성과를 보였는데, 연구자들은 그 이유가 아폴로 팀의 팀장이 팀원들의 행동을 촉발하는 추진자형 리더인 경우가 많았고 특히 의심과 회의가 많은 반면 지배욕이 약간 낮고 현실적인 문제보다 근본적인 문제에 더 관심을 기울였기 때문에 성과보다는 논쟁으로 이어지게 했다고 말했다. 이에 벨빈은 "아폴로 우주선을 만드는 일과 같이 어렵고 복잡한 일일수록 명석한 두뇌를 가진 인재들이 필요하다. 하지만 일상생활과 같은 실제 사례에서는 뛰어난 자들만이 모인 조직은 정치 역학적인 위험을 갖고 있다."고 밝혔다.

① **갈라파고스 신드롬**: 다양한 기능 등 최고의 기술을 가지고 있는 일본의 전자 제품들이 세계시장과는 단절된 상황을 설명하는 신조어이다.

③ **필패 신드롬**: 유능한 부하 직원이라도 상관에게 무능한 직원으로 인식되는 순간 업무능력이 급격히 저하되는 현상을 말한다.

④ **스탕달 신드롬**: 스탕달 신드롬은 감수성이 예민한 사람들이 뛰어난 예술품을 감상한 뒤 받은 흥분에서 생기는 분열 현상을 말하며 「적과 흑」의 작가 스탕달에게서 유래되었다.

52 리튬 폴리머 전지에 대한 설명으로 옳지 않은 것은?

① 전해질이 상온에서 고체 형태로 파손될 시 폭발위험이 있다.

② 전지의 경량화가 가능하고 대형 전지 제조가 가능하다.

③ 리튬이온전지보다 에너지 효율이 높다.

④ 외부전원으로 충전한 후 반영구적으로 사용할 수 있는 2차 전지의 한 종류이다.

 전해질이 상온에서 고체 또는 겔 형태로, 파손되면 전해질이 새지 않아 발화나 폭발의 위험이 거의 없다.

53 발전소 건설 사업 내용이 다음과 같을 때, 대상 지역에서 추진하고자 하는 발전 방식으로 적절한 것은?

> • 대상 지역 : A 해역
> • 대상 지역의 환경 조건 : 간조와 만조의 조차가 큼
> • 발전 가능량 : 연간 $500\,GWh$ 이상(단류식 창조 발전)
> • 발전소 건설 조건
> - 청정 에너지원 이용
> - 환경오염 물질 배출 최소화
> - 만조 때 해수를 가두어 둘 수 있는 저수지 확보 필요

① 조력 발전   ② 파력 발전

③ 해상 풍력 발전   ④ 해수 염도차 발전

Tip 조력 발전 방식은 조수 간만의 수위차로부터 위치 에너지를 운동 에너지로 바꾸어 전기 에너지로 전환하는 발전방식이다. 물이 한꺼번에 방류되면서 발전기의 터빈을 돌려 전력이 생산되는 원리이다. 우리나라의 경우 경기도 안산에 시화호 조력발전소가 있다.

Answer 50.③ 51.② 52.① 53.①

54 앱을 다운받은 고객이 매장으로 들어오면 고주파음역대 파장으로 앱이 자동 실행돼 스마트폰으로 상품을 소개하는 전단지, 영수증, 할인쿠폰 등을 전송받을 수 있는 위치기반 서비스처럼 소비자가 온라인, 오프라인, 모바일 등 다양한 경로를 넘나들며 상품을 검색하고 구매할 수 있도록 한 서비스를 말하는 용어는?

① 쇼루밍　　　　　　　　　　　② 클러스터

③ 셀렉트숍　　　　　　　　　　　④ 옴니채널

 옴니채널(omni-channel) … '모든 것, 모든 방식' 등을 뜻하는 접두사 '옴니(omni)'와 유통경로를 뜻하는 '채널(channel)'이 합쳐진 신조어로 각 유통 채널의 특성을 결합해 어떤 채널에서든 같은 매장을 이용하는 것처럼 느낄 수 있도록 한 쇼핑 환경을 말한다.
① **쇼루밍(showrooming)** : 매장에서 제품을 살펴본 뒤 실제 구매는 온라인 사이트 등 다른 유통 경로로 저렴한 가격에 하는 것처럼 오프라인 매장이 온라인 쇼핑몰의 전시장(showroom)으로 변하는 현상을 말한다.
② **클러스터** : 산업집적지를 뜻하는 용어로 유사 업종에서 다른 기능을 수행하는 기업, 기관들이 한 곳에 모여 있는 것을 말한다.
③ **셀렉트숍** : 한 매장에 2개 이상의 브랜드 제품을 모아 판매하는 유통 형태로 멀티숍 또는 편집숍이라고도 한다.

55 다음 제시문의 밑줄 친 곳에 공통으로 들어갈 용어는 무엇인가?

> 지난 2019년 8월 일본은 한국을 수출절차 우대국가인 백색국가 명단에서 제외하면서 그 이유 중 하나로 _____가 미비한 점을 꼽았다. 도쿄에서 열린 '제7차 한일 수출관리 정책대화'에서 일본은 수출 규제 철회의 조건으로 한국의 _____ 정비를 내걸었다. _____는 비(非) 전략물자일지라도 대량파괴무기나 재래식 무기로 전용될 수 있는 물품은 수출 시에 정부의 허가를 받도록 하는 제도를 말한다.
>
> – 2019. 12.

① 캐치올(Catch-all) 규제　　　　② 리스트(List) 규제

③ 지소미아(GSOMIA)　　　　　　④ 화이트 리스트(White List)

 캐치올 규제는 비전략물자 중 무기 전용 가능 품목에 대해 수출당국이 품목의 최종 용도를 확인한 후 수출을 허가하는 식으로 수출을 통제하는 제도를 말한다.
• **리스트 규제** : 구체적인 규제 품목을 리스트로 만들어 관리, 규제하는 제도이다.
• **지소미아(GSOMIA)** : 군사정보보호협정. 협정을 맺은 국가 간에 군사 기밀을 서로 공유할 수 있도록 하는 협정이다.
• **화이트 리스트** : 백색국가라고도 하며 수출심사 우대국을 뜻한다.

56 다음 중 유사한 의미를 가진 사자성어와 속담으로 연결되지 않은 것은?

① 이란투석(以卵投石) – 낙숫물이 댓돌 뚫는다
② 고장난명(孤掌難鳴) – 백지장도 맞들면 낫다
③ 망우보뢰(亡牛補牢) – 소 잃고 외양간 고친다
④ 일자불식(一字不識) – 낫 놓고 기역자도 모른다

 '이란투석(以卵投石)'은 '계란으로 바위를 친다'는 뜻으로, 약한 것으로 강한 것을 당해 내려는 어리석은 짓을 가리킨다. 반면에, '낙숫물이 댓돌 뚫는다'는 '작은 힘이라도 끈기 있게 계속하면 큰일을 이룰 수 있음'을 뜻한다.

57 다음에서 설명하고 있는 역사적 사건을 바르게 연결한 것은?

> (가) 일본은 러시아로부터 한국에 대한 지도·보호 및 감독의 권리를 인정받았다.
> (나) 미국은 한국에서 일본의 보호권 확립을, 일본은 미국의 필리핀 지배를 인정하였다.
> (다) 일본은 한국의 외교권을 박탈하고 통감부를 설치하였다.
> (라) 영국은 한국에서 일본의 특수 이익을, 일본은 영국의 인도 지배를 서로 승인하였다.

	(가)	(나)	(다)	(라)
①	포츠머스 강화조약	가쓰라 – 태프트 밀약	을사조약	제2차 영·일 동맹
②	포츠담 회담	가쓰라 – 태프트 밀약	을사조약	제1차 영·일 동맹
③	포츠머스 강화조약	샌프란시스코평화조약	강화도 조약	제1차 영·일 동맹
④	포츠담 회담	샌프란시스코평화조약	강화도 조약	제2차 영·일 동맹

 (가) 포츠머스 강화조약(1905. 9.), (나) 가쓰라 – 태프트 밀약(1905. 7.), (다) 을사조약(1905. 11.), (라) 제2차 영·일 동맹(1905. 8.)
- **포츠담 회담**: 1945년 7월 독일 포츠담에서 미국과 영국, 소련 등 연합국 정상들이 만나 제2차 세계 대전의 처리를 의논한 회담으로, 일본과 식민지를 어떻게 처리할 것인지를 의논하였다.
- **샌프란시스코평화조약**: 샌프란시스코 평화조약(대일강화조약)은 제2차 세계대전을 종식시키기 위해 일본과 연합국 48개국이 맺은 평화조약이다. 한반도의 독립을 승인하고 대만과 사할린 남부 등에 대한 일본의 모든 권리와 청구권을 포기한다는 내용을 담고 있다.
- **강화도조약**(조일수호조규): 고종 때 강화도에서 조선과 일본이 체결한, 일본의 군사력을 동원한 강압에 의해 체결된 불평등 조약이다.
- **(제1차) 영일동맹**: 1902년 영국과 일본이 러시아를 공동의 적으로 하여 러시아의 동진을 방어하고 동시에 동아시아의 이권을 함께 분할하려고 체결한 조약이다.

Answer ✦ 54.④ 55.① 56.① 57.①

58 다음 괄호 안에 공통으로 들어갈 알맞은 말은?

> 세계보건기구 WHO가 코로나19에 팬데믹, 세계적 대유행을 선언하면서 투자심리 급
> 속히 위축돼 코스피와 코스닥이 폭락하는 장세를 보인 지난 3월 한국거래소 유가증권시
> 장에 (   )(이)가 발동되었다. (   )(은)는 선물가격이 전일종가 대비 5% 이
> 상, 코스닥은 6% 이상 상승 또는 하락해 1분간 지속될 때 발동하며, 일단 (   )
> (이)가 발동되면 주식시장 프로그램 매매호가의 효력이 5분간 정지된다.

① 공개매수   ② 사이드카

③ 백워데이션   ④ 서킷 브레이커

 사이드카 : 주식 시장의 미래 가격을 의미하는 선물지수가 급락할 경우 이로 인해 일어날 현
물 시장의 혼란을 미연에 방지하기 위해 사이드카를 발동해 프로그램 매매호가의 효력을
일시 정지시킨다. 5분이 지나면 자동적으로 사이드카는 해제되고 매매체결은 다시 정상적
으로 이뤄진다.

59 다음 중 소속 국가가 바르게 연결되지 않은 것은?

① 브릭스(BRICS) – 러시아   ② 브이틱스(VTICs) – 대만

③ 나프타(NAFTA) – 멕시코   ④ 아프타(AFTA) – 캄보디아

 • 브릭스 : 브라질, 러시아, 인도, 중국, 남아프리카공화국
• 브이틱스 : 베트남, 태국, 중국, 인도
• 북미자유무역협정(NAFTA) : 미국, 캐나다, 멕시코
• 아프타(AFTA) : 싱가포르, 태국, 말레이시아, 인도네시아, 필리핀, 베트남, 브루나이, 라오
스, 미얀마, 캄보디아

60 다음 중 '달의 위상이 변하여도 달 표면의 무늬가 변하지 않는 이유'로 알맞은 것은?

① 지구가 자전하기 때문에

② 달의 공전 주기가 변하기 때문에

③ 달이 일정한 궤도로 공전하고 있기 때문에

④ 달의 자전 주기와 공전 주기가 같기 때문에

 달은 '동기궤도(Synchronous Orbit)'를 가지고 있기 때문에 지구에서는 달의 '앞면'만 볼 수
있다. 즉, 달의 자전 주기와 공전 주기가 같기 때문이다. (달의 자전축이 조금씩 변하기 때
문에 실제로 볼 수 있는 달의 면적은 59%이다.)

61 다음 중 용어에 대한 설명이 바르게 연결되지 않은 것은?

① NPU(Neural Processing Unit) : 신경망 처리장치라고 하며, 인간 뇌의 신경망을 모방해 수천 개의 연산을 동시에 할 수 있는 인공지능 반도체이다.

② 미세 플라스틱 : 의도적으로 제조되었거나 또는 기존 제품이 조각나서 0.05mm 이하의 크기로 미세화 된 합성 고분자화합물이다.

③ 다크웹(Dark Web) : 일반적인 검색 엔진이나 브라우저를 통해서는 찾을 수 없는 특정 부류의 웹사이트를 말한다.

④ BCI(Brain-Computer Interface) : 뇌가 만들어내는 전기신호를 컴퓨터로 분석, 해석함으로써 뇌와 컴퓨터가 직접 소통할 수 있게 하는 기술이다.

(Tip) 미세 플라스틱은 5mm 미만의 작은 플라스틱으로 정의된다.

62 다음 바이러스 및 질병에 대한 설명 중 옳지 않은 것은?

① 뎅기열 바이러스 : 모기에 의해 전파되는 바이러스성 열성질환으로 우리나라에서는 3급 감염병으로 지정되어 있다. 뎅기열에 걸리면 고열과 함께 두통, 관절통, 근육통 증세를 보이게 된다.

② 코로나 바이러스 : 동물 사이에서 유행하던 바이러스가 유전자 변형을 일으켜 사람에게도 전파되기 시작하였으며, 2019년 12월 발생한 코로나-19(COVID-19)가 그 첫 사례이다.

③ 아프리카돼지열병 : 주로 감염된 돼지의 분비물(눈물, 침, 분변 등) 등에 의해 직접 전파되는데, 잠복 기간은 약 4~19일이다.

④ 결핵 : 결핵균은 공기를 통해 체내에 들어오기 때문에 일반적으로 폐 조직에서 결핵이 발생하지만, 신장·신경·뼈 등 대부분의 조직이나 장기에도 침입해 증상을 일으킬 수 있다.

(Tip) 코로나바이러스는 닭에서 처음으로 발견된 이후 개·돼지·조류 등에서 발견되었고, 사람에서는 1960년대에 발견되었다. 코로나 바이러스는 사람에게 감염시켜 감기 증상을 일으키는 4종, 중증폐렴 증상을 일으키는 3종으로 총 7종이 있으며, 이 중 사스(SARS-CoV · 중증급성호흡기증후군), 메르스(MERS-CoV · 중동호흡기증후군)와 함께 '코로나19(SARS-CoV-2)'가 중증폐렴 증상을 일으킨다.

Answer⏎ 58.② 59.② 60.④ 61.② 62.②

63 다음 '선언'에 대한 설명으로 가장 옳은 것은?

> 각 군사 사절단은 일본국에 대한 장래의 군사행동을 협정하였다. (중략) 앞의 3대국은 조선인민의 노예상태에 유의하여 적당한 시기에 맹세코 조선을 자주독립시킬 결의를 한다.

① 이 선언에서 연합국은 일본에 무조건 항복을 요구하였다.
② 미국, 영국, 중국의 정상이 모여 회담을 한 후 나온 선언이다.
③ 소련은 일본과의 전쟁에 참전할 것을 결정했다.
④ 미국의 루즈벨트 대통령이 20~30년간의 신탁통치안을 처음으로 제안하였다.

 '카이로 선언'에 대한 설명이다. 카이로 회담은 미국(루즈벨트), 영국(처칠), 중국(장제스)의 정상이 이집트 카이로에서 회담을 한 후 나온 선언이다. 한국에 대한 특별조항을 넣어 '한국인이 노예적 상태에 있음에 유의하여 적당한 절차를 밟아 한국을 독립시키기로 결의한다.'고 명시하여 처음으로 한국의 독립이 국제적으로 보장받았다.

64 다음에서 유래한 사자성어로 알맞은 것은?

> 춘추전국 시대 초(楚)나라의 한 젊은이가 매우 소중히 여기는 칼을 가지고 양사강을 건너기 위하여 배를 타고 가다가 강 한복판에서 그만 실수로 쥐고 있던 칼을 강물에 떨어뜨리고 말았다. 놀란 이 사람은 얼른 주머니칼을 꺼내서 칼을 빠뜨린 부분의 뱃전에 자국을 내어 표시를 해 놓았다. 그는 '칼이 떨어진 자리에 표시를 해놓았으니 찾을 수 있겠지.'라고 생각하고 배가 언덕에 닿자 뱃전에서 표시를 해 놓은 물속으로 뛰어 들어가 칼을 찾았으나 칼은 없었다. 이것을 보고 사람들이 그의 어리석은 행동을 비웃었다.

① 오월동주(吳越同舟)
② 각곡유목(刻鵠類鶩)
③ 다기망양(多岐亡羊)
④ 각주구검(刻舟求劍)

 • 오월동주(吳越同舟) : 어려운 상황에서는 원수라도 협력하게 됨, 뜻이 전혀 다른 사람들이 한자리에 있게 됨.
• 다기망양(多岐亡羊) : 달아난 양을 찾다가 여러 갈래 길에서 길을 잃었다는 뜻으로, 학문의 길이 나뉘어져 진리를 찾기 어려움을 이르는 말.
• 각곡유목(刻鵠類鶩) : 고니를 새기려다 실패해도 집오리와 비슷하게는 된다는 뜻으로, 학업에 정진하여 성과가 있음을 이르는 말.

65 다음 중 유네스코(UNESCO)에 등재된 우리나라의 세계기록 유산이 아닌 것은?

① 난중일기

② 일성록

③ 동의보감

④ 비변사등록

 비변사등록 … 국보 제 152호이며, 조선 중기 이후 비변사에서 논의, 결정된 사항을 날마다 기록한 책이다.

※ 유네스코에 등재된 우리나라의 세계기록유산

ㄱ 훈민정음 해례본(1997년)

ㄴ 조선왕조실록(1997년)

ㄷ 승정원일기(2001년)

ㄹ 직지심체요절(2001년)

ㅁ 조선왕조 의궤(2007년)

ㅂ 해인사 팔만대장경판 및 제경판(2007년)

ㅅ 동의보감(2009년)

ㅇ 일성록(2011년)

ㅈ 5.18민주화운동기록물(2011년)

ㅊ 난중일기(2013년)

ㅋ 새마을운동 기록물(2013년)

ㅌ 한국의 유교책판(2015년)

ㅍ KBS 특별생방송 '이산가족을 찾습니다' 기록물(2015년)

ㅎ 국채보상운동기록물(2017년)

ⓐ 조선통신사 기록물(2017년)

ⓑ 조선왕실 어보와 어책(2017년)

66 다음 사자성어 중 의미하는 바가 나머지와 다른 하나는?

① 반포지효(反哺之孝)

② 백아절현(伯牙絶絃)

③ 망운지정(望雲之情)

④ 혼정신성(昏定晨省)

 백아절현(伯牙絶絃)은 '백아가 거문고 줄을 끊어 버렸다'는 뜻으로, 자기를 알아주는 절친한 벗의 죽음을 슬퍼함을 뜻한다. 반포지효, 망운지정, 혼정신성은 부모에 대한 효심과 가까운 사자성어이다.

• 반포지효(反哺之孝) : 까마귀 새끼가 자란 뒤에 늙은 어미에게 먹이를 물어다 주는 효성

• 망운지정(望雲之情) : 타향에서 고향에 계신 부모를 생각함, 멀리 떠나온 자식이 어버이를 사모하여 그리는 정

• 혼정신성(昏定晨省) : 자식이 아침저녁으로 부모의 안부를 물어서 살핌

Answer ↪ 63.② 64.④ 65.④ 66.②

67 다음 사례에서 공정거래위원회의 처분은 어떤 제도를 근거로 한 것인가?

> A사는 B공사가 발주한 용역입찰 담합사건에 대해 공정거래위원회가 현장조사를 개시하자 담합사실에 대해 1순위로 감면신청을 했다. 공정거래위원회는 A사가 조사에 협조한 공로를 인정해 시정명령과 과징금 등 제재조치 전부를 면제했다. 하지만 B공사는 A사가 '담합에 가담한 자'라는 이유로 부정당업자 입찰참가자격 제한처분(6개월)을 했다.

① 카르텔
② 리니언시
③ 스페셜리스트 제도
④ 바우처 제도

 리니언시(Leniency) : 담합행위를 한 기업이 자진신고를 할 경우 처벌을 경감하거나 면제하는 제도

68 대한민국의 민주화 여정에 대한 설명으로 가장 옳은 것은?

① 1960년대 : 장기집권을 획책한 박정희의 사사오입개헌에 맞서 학생들과 재야인사들이 그 반대투쟁을 전개하였다.
② 1970년대 : 유신개헌을 통해 평화적으로 민주화를 추진할 수 있는 법률적 기틀을 제공하였다.
③ 1980년대 : 6월 민주항쟁을 통해 군사정권을 종식시키고 선거를 통해 문민정부가 출범하였다.
④ 1990년대 : 대선결과에 따라 평화적 정권교체가 실현되었다.

 ④ 대한민국의 제15대 대통령인 김대중은 헌정 사상 처음으로 대선결과에 따라 평화적인 정권교체를 실현하였다.
① 사사오입개헌(1954)은 이승만 정권이 장기 집권을 위해 초대에 한해 대통령의 중임 제한을 철폐하고자 한 것이다.
② 유신개헌(1972)에서는 박정희 정권이 장기 집권을 위해 대통령 선거를 직접 선거에서 간접 선거로 변경하였다.
③ 노태우 민정당 대표위원의 '6 · 29선언'으로 직선제 개헌 시국수습특별선언이 발표되었으며, 이후 선거를 통해 노태우 정부가 출범하였다.

69 다음 연표의 (가), (나) 시기에 있었던 사실로 옳은 것은?

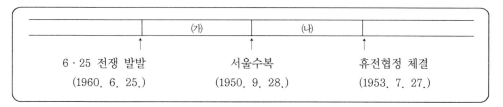

	(가)	(나)	
↑		↑	↑
6·25 전쟁 발발		서울수복	휴전협정 체결
(1960. 6. 25.)		(1950. 9. 28.)	(1953. 7. 27.)

① (가) - 인천상륙작전이 실시되었다.

② (가) - 중국군의 참전으로 인해 한국군은 서울에서 후퇴하게 되었다.

③ (나) - 애치슨 선언이 발표되었다.

④ (나) - 유엔 안전보장이사회에서 유엔군 파병이 결정되었다.

 애치슨 선언(미국의 태평양 방위선을 알래스카 – 일본 – 오키나와 – 필리핀 선으로 한다고 언명) 이후 6·25 전쟁이 발발하였으며, 유엔 안전보장이사회에서 유엔군 파병이 결정된 것은 (가) 시기의 일이다. 또, 서울 수복 이후 (나) 시기에 중국군이 참전하여 한국군이 서울에서 후퇴하게 되었다.

70 다음에서 설명하고 있는 것은 무엇인가?

> 1993년 8월 당시 일본 관방장관이 일본군 위안부에 대한 일본군의 강제성을 인정한 담화이다. 이 담화에서 위안소는 당시 군 당국의 요청에 의해 설치된 것이며 위안소의 설치·관리 및 위안부 이송에 관해 구 일본군이 관여하였다고 발표하고 일본군 위안부에게 사과하였다.

① 고노 담화

② 무라야마 담화

③ 노변 담화

④ 미야자와 담화

 고노 담화 … 1993년 8월 당시 일본 관방장관인 고노 요헤이가 일본군 위안부에 대해 사과한 담화이다.
• 무라야마 담화 : 1995년 일본 무라야마 총리가 태평양 전쟁 당시의 식민지배에 대해 공식적이 사과를 표명한 담화
• 노변 담화 : 1933년부터 미국의 프랑클린 루스벨트 대통령이 라디오를 통해 국민들에게 전한 담화
• 미야자와 담화 : 1982년 당시 일본 관방장관인 미야자와 기이치가 역사교과서 왜곡에 관해 사과한 담화

Answer⌐➛ 67.② 68.④ 69.① 70.①

PART

V

면접

01 면접의 기본

1 면접준비

(1) 면접의 기본 원칙

① **면접의 의미** … 면접이란 다양한 면접기법을 활용하여 지원한 직무에 필요한 능력을 지원자가 보유하고 있는지를 확인하는 절차라고 할 수 있다. 즉, 지원자의 입장에서는 채용 직무 수행에 필요한 요건들과 관련하여 자신의 환경, 경험, 관심사, 성취 등에 대해 기업에 직접 어필할 수 있는 기회를 제공받는 것이며, 기업의 입장에서는 서류전형만으로 알 수 없는 지원자에 대한 정보를 직접적으로 수집하고 평가하는 것이다.

② **면접의 특징** … 면접은 기업의 입장에서 서류전형이나 필기전형에서 드러나지 않는 지원자의 능력이나 성향을 볼 수 있는 기회로, 면대면으로 이루어지며 즉흥적인 질문들이 포함될 수 있기 때문에 지원자가 완벽하게 준비하기 어려운 부분이 있다. 하지만 지원자 입장에서도 서류전형이나 필기전형에서 모두 보여주지 못한 자신의 능력 등을 기업의 인사담당자에게 어필할 수 있는 추가적인 기회가 될 수도 있다.

[서류 · 필기전형과 차별화되는 면접의 특징]

- 직무수행과 관련된 다양한 지원자 행동에 대한 관찰이 가능하다.
- 면접관이 알고자 하는 정보를 심층적으로 파악할 수 있다.
- 서류상의 미비한 사항과 의심스러운 부분을 확인할 수 있다.
- 커뮤니케이션 능력, 대인관계 능력 등 행동 · 언어적 정보도 얻을 수 있다.

③ **면접의 유형**

　㉠ **구조화 면접**: 구조화 면접은 사전에 계획을 세워 질문의 내용과 방법, 지원자의 답변 유형에 따른 추가 질문과 그에 대한 평가 역량이 정해져 있는 면접 방식으로 표준화 면접이라고도 한다.

　　• 표준화된 질문이나 평가요소가 면접 전 확정되며, 지원자는 편성된 조나 면접관에 영향을 받지 않고 동일한 질문과 시간을 부여받을 수 있다.

- 조직 또는 직무별로 주요하게 도출된 역량을 기반으로 평가요소가 구성되어, 조직 또는 직무에서 필요한 역량을 가진 지원자를 선발할 수 있다.
- 표준화된 형식을 사용하는 특성 때문에 비구조화 면접에 비해 신뢰성과 타당성, 객관성이 높다.

 ⓛ 비구조화 면접 : 비구조화 면접은 면접 계획을 세울 때 면접 목적만을 명시하고 내용이나 방법은 면접관에게 전적으로 일임하는 방식으로 비표준화 면접이라고도 한다.
- 표준화된 질문이나 평가요소 없이 면접이 진행되며, 편성된 조나 면접관에 따라 지원자에게 주어지는 질문이나 시간이 다르다.
- 면접관의 주관적인 판단에 따라 평가가 이루어져 평가 오류가 빈번히 일어난다.
- 상황 대처나 언변이 뛰어난 지원자에게 유리한 면접이 될 수 있다.

④ 경쟁력 있는 면접 요령

 ㉠ 면접 전에 준비하고 유념할 사항
- 예상 질문과 답변을 미리 작성한다.
- 작성한 내용을 문장으로 외우지 않고 키워드로 기억한다.
- 지원한 회사의 최근 기사를 검색하여 기억한다.
- 지원한 회사가 속한 산업군의 최근 기사를 검색하여 기억한다.
- 면접 전 1주일간 이슈가 되는 뉴스를 기억하고 자신의 생각을 반영하여 정리한다.
- 찬반토론에 대비한 주제를 목록으로 정리하여 자신의 논리를 내세운 예상답변을 작성한다.

 ㉡ 면접장에서 유념할 사항
- 질문의 의도 파악 : 답변을 할 때에는 질문 의도를 파악하고 그에 충실한 답변이 될 수 있도록 질문사항을 유념해야 한다. 많은 지원자가 하는 실수 중 하나로 답변을 하는 도중 자기 말에 심취되어 질문의 의도와 다른 답변을 하거나 자신이 알고 있는 지식만을 나열하는 경우가 있는데, 이럴 경우 의사소통능력이 부족한 사람으로 인식될 수 있으므로 주의하도록 한다.
- 답변은 두괄식 : 답변을 할 때에는 두괄식으로 결론을 먼저 말하고 그 이유를 설명하는 것이 좋다. 미괄식으로 답변을 할 경우 용두사미의 답변이 될 가능성이 높으며, 결론을 이끌어 내는 과정에서 논리성이 결여될 우려가 있다. 또한 면접관이 결론을 듣기 전에 말을 끊고 다른 질문을 추가하는 예상치 못한 상황이 발생될 수 있으므로 답변은 자신이 전달하고자 하는 바를 먼저 밝히고 그에 대한 설명을 하는 것이 좋다.

- 지원한 회사의 기업정신과 인재상을 기억 : 답변을 할 때에는 회사가 원하는 인재라는 인상을 심어주기 위해 지원한 회사의 기업정신과 인재상 등을 염두에 두고 답변을 하는 것이 좋다. 모든 회사에 해당되는 두루뭉술한 답변보다는 지원한 회사에 맞는 맞춤형 답변을 하는 것이 좋다.
- 나보다는 회사와 사회적 관점에서 답변 : 답변을 할 때에는 자기중심적인 관점을 피하고 좀 더 넓은 시각으로 회사와 국가, 사회적 입장까지 고려하는 인재임을 어필하는 것이 좋다. 자기중심적 시각을 바탕으로 자신의 출세만을 위해 회사에 입사하려는 인상을 심어줄 경우 면접에서 불이익을 받을 가능성이 높다.
- 난처한 질문은 정직한 답변 : 난처한 질문에 답변을 해야 할 때에는 피하기보다는 정면 돌파로 정직하고 솔직하게 답변하는 것이 좋다. 난처한 부분을 감추고 드러내지 않으려 회피하려는 지원자의 모습은 인사담당자에게 입사 후에도 비슷한 상황에 처했을 때 회피할 수도 있다는 우려를 심어줄 수 있다. 따라서 직장생활에 있어 중요한 덕목 중 하나인 정직을 바탕으로 솔직하게 답변을 하도록 한다.

(2) 면접의 종류 및 준비 전략

① 인성면접

　㉠ 면접 방식 및 판단기준
- 면접 방식 : 인성면접은 면접관이 가지고 있는 개인적 면접 노하우나 관심사에 의해 질문을 실시한다. 주로 입사지원서나 자기소개서의 내용을 토대로 지원동기, 과거의 경험, 미래 포부 등을 이야기하도록 하는 방식이다.
- 판단기준 : 면접관의 개인적 가치관과 경험, 해당 역량의 수준, 경험의 구체성·진실성 등

　㉡ 특징 : 인성면접은 그 방식으로 인해 역량과 무관한 질문들이 많고 지원자에게 주어지는 면접질문, 시간 등이 다를 수 있다. 또한 입사지원서나 자기소개서의 내용을 토대로 하기 때문에 지원자별 질문이 달라질 수 있다.

ⓒ 예시 문항 및 준비전략

• 예시 문항

> • 3분 동안 자기소개를 해 보십시오.
> • 자신의 장점과 단점을 말해 보십시오.
> • 학점이 좋지 않은데 그 이유가 무엇입니까?
> • 최근에 인상 깊게 읽은 책은 무엇입니까?
> • 회사를 선택할 때 중요시하는 것은 무엇입니까?
> • 일과 개인생활 중 어느 쪽을 중시합니까?
> • 10년 후 자신은 어떤 모습일 것이라고 생각합니까?
> • 휴학 기간 동안에는 무엇을 했습니까?

• 준비전략 : 인성면접은 입사지원서나 자기소개서의 내용을 바탕으로 하는 경우가 많으므로 자신이 작성한 입사지원서와 자기소개서의 내용을 충분히 숙지하도록 한다. 또한 최근 사회적으로 이슈가 되고 있는 뉴스에 대한 견해를 묻거나 시사상식 등에 대한 질문을 받을 수 있으므로 이에 대한 대비도 필요하다. 자칫 부담스러워 보이지 않는 질문으로 가볍게 대답하지 않도록 주의하고 모든 질문에 입사 의지를 담아 성실하게 답변하는 것이 중요하다.

② 발표면접

㉠ 면접 방식 및 판단기준

• 면접 방식 : 지원자가 특정 주제와 관련된 자료를 검토하고 그에 대한 자신의 생각을 면접관 앞에서 주어진 시간 동안 발표하고 추가 질의를 받는 방식으로 진행된다.

• 판단기준 : 지원자의 사고력, 논리력, 문제해결력 등

㉡ 특징 : 발표면접은 지원자에게 과제를 부여한 후, 과제를 수행하는 과정과 결과를 관찰·평가한다. 따라서 과제수행 결과뿐 아니라 수행과정에서의 행동을 모두 평가할 수 있다.

ⓒ 예시 문항 및 준비전략

• 예시 문항

[신입사원 조기 이직 문제]

※ 지원자는 아래에 제시된 자료를 검토한 뒤, 신입사원 조기 이직의 원인을 크게 3가지로 정리하고 이에 대한 구체적인 개선안을 도출하여 발표해 주시기 바랍니다.

※ 본 과제에 정해진 정답은 없으나 논리적 근거를 들어 개선안을 작성해 주십시오.

• A기업은 동종업계 유사기업들과 비교해 볼 때, 비교적 높은 재무안정성을 유지하고 있으며 업무강도가 그리 높지 않은 것으로 외부에 알려져 있음.

• 최근 조사결과, 동종업계 유사기업들과 연봉을 비교해 보았을 때 연봉 수준도 그리 나쁘지 않은 편이라는 것이 확인되었음.

• 그러나 지난 3년간 1~2년차 직원들의 이직률이 계속해서 증가하고 있는 추세이며, 경영진 회의에서 최우선 해결과제 중 하나로 거론되었음.

• 이에 따라 인사팀에서 현재 1~2년차 사원들을 대상으로 개선되어야 하는 A기업의 조직문화에 대한 설문조사를 실시한 결과, '상명하복식의 의사소통'이 36.7%로 1위를 차지했음.

• 이러한 설문조사와 함께, 신입사원 조기 이직에 대한 원인을 분석한 결과 파랑새 증후군, 셀프홀릭 증후군, 피터팬 증후군 등 3가지로 분류할 수 있었음.

〈동종업계 유사기업들과의 연봉 비교〉   〈우리 회사 조직문화 중 개선되었으면 하는 것〉

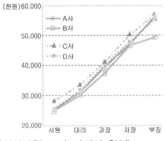
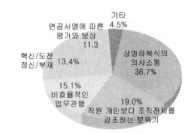

〈신입사원 조기 이직의 원인〉

• 파랑새 증후군
- 현재의 직장보다 더 좋은 직장이 있을 것이라는 막연한 기대감으로 끊임없이 새로운 직장을 탐색함.
- 학력 수준과 맞지 않는 '하향지원', 전공과 적성을 고려하지 않고 일단 취업하고 보자는 '묻지마 지원'이 파랑새 증후군을 초래함.

• 셀프홀릭 증후군
- 본인의 역량에 비해 가치가 낮은 일을 주로 하면서 갈등을 느낌.

• 피터팬 증후군
- 기성세대의 문화를 무조건 수용하기보다는 자유로움과 변화를 추구함.
- 상명하복, 엄격한 규율 등 기성세대가 당연시하는 관행에 거부감을 가지며 직장에 답답함을 느낌.

• 준비전략 : 발표면접의 시작은 과제 안내문과 과제 상황, 과제 자료 등을 정확하게 이해하는 것에서 출발한다. 과제 안내문을 침착하게 읽고 제시된 주제 및 문제와 관련된 상황의 맥락을 파악한 후 과제를 검토한다. 제시된 기사나 그래프 등을 충분히 활용하여 주어진 문제를 해결할 수 있는 해결책이나 대안을 제시하며, 발표를 할 때에는 명확하고 자신 있는 태도로 전달할 수 있도록 한다.

③ 토론면접

㉠ 면접 방식 및 판단기준

• 면접 방식 : 상호갈등적 요소를 가진 과제 또는 공통의 과제를 해결하는 내용의 토론 과제를 제시하고, 그 과정에서 개인 간의 상호작용 행동을 관찰하는 방식으로 면접이 진행된다.

• 판단기준 : 팀워크, 적극성, 갈등 조정, 의사소통능력, 문제해결능력 등

㉡ 특징 : 토론을 통해 도출해 낸 최종안의 타당성도 중요하지만, 결론을 도출해 내는 과정에서의 의사소통능력이나 갈등상황에서 의견을 조정하는 능력 등이 중요하게 평가되는 특징이 있다.

㉢ 예시 문항 및 준비전략

• 예시 문항

> • 군 가산점제 부활에 대한 찬반토론
> • 담뱃값 인상에 대한 찬반토론
> • 비정규직 철폐에 대한 찬반토론
> • 대학의 영어 강의 확대 찬반토론
> • 워크숍 장소 선정을 위한 토론

• 준비전략 : 토론면접은 무엇보다 팀워크와 적극성이 강조된다. 따라서 토론과정에 적극적으로 참여하며 자신의 의사를 분명하게 전달하며, 갈등상황에서 자신의 의견만 내세울 것이 아니라 다른 지원자의 의견을 경청하고 배려하는 모습도 중요하다. 갈등상황을 일목요연하게 정리하여 조정하는 등의 의사소통능력을 발휘하는 것도 좋은 전략이 될 수 있다.

④ 상황면접

㉠ 면접 방식 및 판단기준

• 면접 방식 : 상황면접은 직무 수행 시 접할 수 있는 상황들을 제시하고, 그러한 상황에서 어떻게 행동할 것인지를 이야기하는 방식으로 진행된다.

• 판단기준 : 해당 상황에 적절한 역량의 구현과 구체적 행동지표

ⓛ 특징 : 실제 직무 수행 시 접할 수 있는 상황들을 제시하므로 입사 이후 지원자의 업무 수행능력을 평가하는 데 적절한 면접 방식이다. 또한 지원자의 가치관, 태도, 사고방식 등의 요소를 통합적으로 평가하는 데 용이하다.

ⓒ 예시 문항 및 준비전략

• 예시 문항

> 당신은 생산관리팀의 팀원으로, 생산팀이 기한에 맞춰 효율적으로 제품을 생산할 수 있도록 관리하는 역할을 맡고 있습니다. 3개월 뒤에 제품A를 정상적으로 출시하기 위해 생산팀의 생산 계획을 수립한 상황입니다. 그러나 원가가 곧 실적으로 이어지는 구매팀에서는 최대한 원가를 줄여 전반적 단가를 낮추려고 원가절감을 위한 제안을 하였으나, 연구개발팀에서는 구매팀이 제안한 방식으로 제품을 생산할 경우 대부분이 구매팀의 실적으로 산정될 것이므로 제대로 확인도 해보지 않은 채 적합하지 않은 방식이라고 판단하고 있습니다. 당신은 어떻게 하겠습니까?

• 준비전략 : 상황면접은 먼저 주어진 상황에서 핵심이 되는 문제가 무엇인지를 파악하는 것에서 시작한다. 주질문과 세부질문을 통하여 질문의 의도를 파악하였다면, 그에 대한 구체적인 행동이나 생각 등에 대해 응답할수록 높은 점수를 얻을 수 있다.

⑤ 역할면접

㉠ 면접 방식 및 판단기준

• 면접 방식 : 역할면접 또는 역할연기 면접은 기업 내 발생 가능한 상황에서 부딪히게 되는 문제와 역할을 가상적으로 설정하여 특정 역할을 맡은 사람과 상호작용하고 문제를 해결해 나가도록 하는 방식으로 진행된다. 역할연기 면접에서는 면접관이 직접 역할연기를 하면서 지원자를 관찰하기도 하지만, 역할연기 수행만 전문적으로 하는 사람을 투입할 수도 있다.

• 판단기준 : 대처능력, 대인관계능력, 의사소통능력 등

ⓛ 특징 : 역할면접은 실제 상황과 유사한 가상 상황에서의 행동을 관찰함으로서 지원자의 성격이나 대처 행동 등을 관찰할 수 있다.

ⓒ 예시 문항 및 준비전략

• 예시 문항

> **[금융권 역할면접의 예]**
> 당신은 ○○은행의 신입 텔러이다. 사람이 많은 월말 오전 한 할아버지(면접관 또는 역할담당자)께서 ○○은행을 사칭한 보이스피싱으로 500만 원을 피해 보았다며 소란을 일으키고 있다. 실제 업무상황이라고 생각하고 상황에 대처해 보시오.

- 준비전략 : 역할연기 면접에서 측정하는 역량은 주로 갈등의 원인이 되는 문제를 해결하고 제시된 해결방안을 상대방에게 설득하는 것이다. 따라서 갈등해결, 문제해결, 조정·통합, 설득력과 같은 역량이 중요시된다. 또한 갈등을 해결하기 위해서 상대방에 대한 이해도 필수적인 요소이므로 고객 지향을 염두에 두고 상황에 맞게 대처해야 한다. 역할면접에서는 변별력을 높이기 위해 면접관이 압박적인 분위기를 조성하는 경우가 많기 때문에 스트레스 상황에서 불안해하지 않고 유연하게 대처할 수 있도록 시간과 노력을 들여 충분히 연습하는 것이 좋다.

2 면접 이미지 메이킹

(1) 성공적인 이미지 메이킹 포인트

① 복장 및 스타일

ㄱ 남성

- 양복 : 양복은 단색으로 하며 넥타이나 셔츠로 포인트를 주는 것이 효과적이다. 짙은 회색이나 감청색이 가장 단정하고 품위 있는 인상을 준다.
- 셔츠 : 흰색이 가장 선호되나 자신의 피부색에 맞추는 것이 좋다. 푸른색이나 베이지색은 산뜻한 느낌을 줄 수 있다. 양복과의 배색도 고려하도록 한다.
- 넥타이 : 의상에 포인트를 줄 수 있는 아이템이지만 너무 화려한 것은 피한다. 지원자의 피부색은 물론, 정장과 셔츠의 색을 고려하며, 체격에 따라 넥타이 폭을 조절하는 것이 좋다.
- 구두 & 양말 : 구두는 검정색이나 짙은 갈색이 어느 양복에나 무난하게 어울리며 깔끔하게 닦아 준비한다. 양말은 정장과 동일한 색상이나 검정색을 착용한다.
- 헤어스타일 : 머리스타일은 단정한 느낌을 주는 짧은 헤어스타일이 좋으며 앞머리가 있다면 이마나 눈썹을 가리지 않는 선에서 정리하는 것이 좋다.

○ 여성

- 의상 : 단정한 스커트 투피스 정장이나 슬랙스 슈트가 무난하다. 블랙이나 그레이, 네이비, 브라운 등 차분해 보이는 색상을 선택 하는 것이 좋다.
- 소품 : 구두, 핸드백 등은 같은 계열로 코디하는 것이 좋으며 구두 는 너무 화려한 디자인이나 굽이 높은 것을 피한다. 스타킹은 의 상과 구두에 맞춰 단정한 것으로 선택한다.
- 액세서리 : 액세서리는 너무 크거나 화려한 것은 좋지 않으며 과하 게 많이 하는 것도 좋은 인상을 주지 못한다. 착용하지 않거나 작 고 깔끔한 디자인으로 포인트를 주는 정도가 적당하다.
- 메이크업 : 화장은 자연스럽고 밝은 이미지를 표현하는 것이 좋으 며 진한 색조는 인상이 강해 보일 수 있으므로 피한다.
- 헤어스타일 : 커트나 단발처럼 짧은 머리는 활동적이면서도 단정한 이미지를 줄 수 있도록 정리한다. 긴 머리의 경우 하나로 묶거나 단정한 머리망으로 정리하는 것이 좋으며, 짙은 염색이나 화려한 웨이브는 피한다.

② 인사

㉠ 인사의 의미 : 인사는 예의범절의 기본이며 상대방의 마음을 여는 기본적인 행동이라고 할 수 있다. 인사는 처음 만나는 면접관에게 호감을 살 수 있는 가장 쉬운 방법이 될 수 있기도 하지만 제대로 예의를 지키지 않으면 지원자의 인성 전반에 대한 평가로 이 어질 수 있으므로 각별히 주의해야 한다.

㉡ 인사의 핵심 포인트

- 인사말 : 인사말을 할 때에는 밝고 친근감 있는 목소리로 하며, 자신의 이름과 수험번호 등을 간략하게 소개한다.
- 시선 : 인사는 상대방의 눈을 보며 하는 것이 중요하며 너무 빤히 쳐다본다는 느낌이 들 지 않도록 주의한다.
- 표정 : 인사는 마음에서 우러나오는 존경이나 반가움을 표현하고 예의를 차리는 것이므 로 살짝 미소를 지으며 하는 것이 좋다.
- 자세 : 인사를 할 때에는 가볍게 목만 숙인다거나 흐트러진 상태에서 인사를 하지 않도 록 주의하며 절도 있고 확실하게 하는 것이 좋다.

③ 시선처리와 표정, 목소리

　㉠ 시선처리와 표정 : 표정은 면접에서 지원자의 첫인상을 결정하는 중요한 요소이다. 얼굴 표정은 사람의 감정을 가장 잘 표현할 수 있는 의사소통 도구로 표정 하나로 상대방에게 호감을 주거나, 비호감을 사기도 한다. 호감이 가는 인상의 특징은 부드러운 눈썹, 자연스러운 미간, 적당히 볼록한 광대, 올라간 입 꼬리 등으로 가볍게 미소를 지을 때의 표정과 일치한다. 따라서 면접 중에는 밝은 표정으로 미소를 지어 호감을 형성할 수 있도록 한다. 시선은 면접관과 고르게 맞추되 생기 있는 눈빛을 띄도록 하며, 너무 빤히 쳐다본다는 인상을 주지 않도록 한다.

　㉡ 목소리 : 면접은 주로 면접관과 지원자의 대화로 이루어지므로 목소리가 미치는 영향이 상당하다. 답변을 할 때에는 부드러우면서도 활기차고 생동감 있는 목소리로 하는 것이 면접관에게 호감을 줄 수 있으며 적당한 제스처가 더해진다면 상승효과를 얻을 수 있다. 그러나 적절한 답변을 하였음에도 불구하고 콧소리나 날카로운 목소리, 자신감 없는 작은 목소리는 답변의 신뢰성을 떨어뜨릴 수 있으므로 주의하도록 한다.

④ 자세

　㉠ 걷는 자세

　　• 면접장에 입실할 때에는 상체를 곧게 유지하고 발끝은 평행이 되게 하며 무릎을 스치듯 11자로 걷는다.

　　• 시선은 정면을 향하고 턱은 가볍게 당기며 어깨나 엉덩이가 흔들리지 않도록 주의한다.

　　• 발바닥 전체가 닿는 느낌으로 안정감 있게 걸으며 발소리가 나지 않도록 주의한다.

　　• 보폭은 어깨넓이만큼이 적당하지만, 스커트를 착용했을 경우 보폭을 줄인다.

　　• 걸을 때도 미소를 유지한다.

　㉡ 서있는 자세

　　• 몸 전체를 곧게 펴고 가슴을 자연스럽게 내민 후 등과 어깨에 힘을 주지 않는다.

　　• 정면을 바라본 상태에서 턱을 약간 당기고 아랫배에 힘을 주어 당기며 바르게 선다.

　　• 양 무릎과 발뒤꿈치는 붙이고 발끝은 11자 또는 V형을 취한다.

　　• 남성의 경우 팔을 자연스럽게 내리고 양손을 가볍게 쥐어 바지 옆선에 붙이고, 여성의 경우 공수자세를 유지한다.

ⓒ 앉은 자세

• 남성

> • 의자 깊숙이 앉고 등받이와 등 사이에 주먹 1개 정도의 간격을 두며 기대듯 앉지 않도록 주의한다. (남녀 공통 사항)
> • 무릎 사이에 주먹 2개 정도의 간격을 유지하고 발끝은 11자를 취한다.
> • 시선은 정면을 바라보며 턱은 가볍게 당기고 미소를 짓는다. (남녀 공통 사항)
> • 양손은 가볍게 주먹을 쥐고 무릎 위에 올려놓는다.
> • 앉고 일어날 때에는 자세가 흐트러지지 않도록 주의한다. (남녀 공통 사항)

• 여성

> • 스커트를 입었을 경우 왼손으로 뒤쪽 스커트 자락을 누르고 오른손으로 앞쪽 자락을 누르며 의자에 앉는다.
> • 무릎은 붙이고 발끝을 가지런히 하며, 다리를 왼쪽으로 비스듬히 기울이면 여성스러워 보이는 효과가 있다.
> • 양손을 모아 무릎 위에 모아 놓으며 스커트를 입었을 경우 스커트 위를 가볍게 누르듯이 올려놓는다.

(2) 면접 예절

① 행동 관련 예절

ⓐ 지각은 절대금물 : 시간을 지키는 것은 예절의 기본이다. 지각을 할 경우 면접에 응시할 수 없거나, 면접 기회가 주어지더라도 불이익을 받을 가능성이 높아진다. 따라서 면접 장소가 결정되면 교통편과 소요시간을 확인하고 가능하다면 사전에 미리 방문해 보는 것도 좋다. 면접 당일에는 서둘러 출발하여 면접 시간 20~30분 전에 도착하여 회사를 둘러보고 환경에 익숙해지는 것도 성공적인 면접을 위한 요령이 될 수 있다.

ⓑ 면접 대기 시간 : 지원자들은 대부분 면접장에서의 행동과 답변 등으로만 평가를 받는다고 생각하지만 그렇지 않다. 면접관이 아닌 면접진행자 역시 대부분 인사실무자이며 면접관이 면접 후 지원자에 대한 평가에 있어 확신을 위해 면접진행자의 의견을 구한다면 면접진행자의 의견이 당락에 영향을 줄 수 있다. 따라서 면접 대기 시간에도 행동과 말을 조심해야 하며, 면접을 마치고 돌아가는 순간까지도 긴장을 늦춰서는 안 된다. 면접 중 압박적인 질문에 답변을 잘 했지만, 면접장을 나와 흐트러진 모습을 보이거나 욕설을 한다면 면접 탈락의 요인이 될 수 있으므로 주의해야 한다.

ⓒ **입실 후 태도**: 본인의 차례가 되어 호명되면 또렷하게 대답하고 들어간다. 만약 면접장 문이 닫혀 있다면 상대에게 소리가 들릴 수 있을 정도로 노크를 두세 번 한 후 대답을 듣고 나서 들어가야 한다. 문을 여닫을 때에는 소리가 나지 않게 조용히 하며 공손한 자세로 인사한 후 성명과 수험번호를 말하고 면접관의 지시에 따라 자리에 앉는다. 이 경우 착석하라는 말이 없는데 먼저 의자에 앉으면 무례한 사람으로 보일 수 있으므로 주의한다. 의자에 앉을 때에는 끝에 앉지 말고 무릎 위에 양손을 가지런히 얹는 것이 예절이라고 할 수 있다.

ⓓ **옷매무새를 자주 고치지 마라.**: 일부 지원자의 경우 옷매무새 또는 헤어스타일을 자주 고치거나 확인하기도 하는데 이러한 모습은 과도하게 긴장한 것 같아 보이거나 면접에 집중하지 못하는 것으로 보일 수 있다. 남성 지원자의 경우 넥타이를 자꾸 고쳐 맨다거나 정장 상의 끝을 너무 자주 만지작거리지 않는다. 여성 지원자는 머리를 계속 쓸어 올리지 않고, 특히 짧은 치마를 입고서 신경이 쓰여 치마를 끌어 내리는 행동은 좋지 않다.

ⓔ **다리를 떨거나 산만한 시선은 면접 탈락의 지름길**: 자신도 모르게 다리를 떨거나 손가락을 만지는 등의 행동을 하는 지원자가 있는데, 이는 면접관의 주의를 끌 뿐만 아니라 불안하고 산만한 사람이라는 느낌을 주게 된다. 따라서 가능한 한 바른 자세로 앉아 있는 것이 좋다. 또한 면접관과 시선을 맞추지 못하고 여기저기 둘러보는 듯한 산만한 시선은 지원자가 거짓말을 하고 있다고 여겨지거나 신뢰할 수 없는 사람이라고 생각될 수 있다.

② **답변 관련 예절**

ⓐ **면접관이나 다른 지원자와 가치 논쟁을 하지 않는다.**: 질문을 받고 답변하는 과정에서 면접관 또는 다른 지원자의 의견과 다른 의견이 있을 수 있다. 특히 평소 지원자가 관심이 많은 문제이거나 잘 알고 있는 문제인 경우 자신과 다른 의견에 대해 이의가 있을 수 있다. 하지만 주의할 것은 면접에서 면접관이나 다른 지원자와 가치 논쟁을 할 필요는 없다는 것이며 오히려 불이익을 당할 수도 있다. 정답이 정해져 있지 않은 경우에는 가치관이나 성장배경에 따라 문제를 받아들이는 태도에서 답변까지 충분히 차이가 있을 수 있으므로 굳이 면접관이나 다른 지원자의 가치관을 지적하고 고치려 드는 것은 좋지 않다.

ⓛ 답변은 항상 정직해야 한다. : 면접이라는 것이 아무리 지원자의 장점을 부각시키고 단점을 축소시키는 것이라고 해도 절대로 거짓말을 해서는 안 된다. 거짓말을 하게 되면 지원자는 불안하거나 꺼림칙한 마음이 들게 되어 면접에 집중을 하지 못하게 되고 수많은 지원자를 상대하는 면접관은 그것을 놓치지 않는다. 거짓말은 그 지원자에 대한 신뢰성을 떨어뜨리며 이로 인해 다른 스펙이 아무리 훌륭하다고 해도 채용에서 탈락하게 될 수 있음을 명심하도록 한다.

ⓒ 경력직을 경우 전 직장에 대해 험담하지 않는다. : 지원자가 전 직장에서 무슨 업무를 담당했고 어떤 성과를 올렸는지는 면접관이 관심을 둘 사항일 수 있지만, 이전 직장의 기업문화나 상사들이 어땠는지는 그다지 궁금해 하는 사항이 아니다. 전 직장에 대해 험담을 늘어놓는다든가, 동료와 상사에 대한 악담을 하게 된다면 오히려 지원자에 대한 부정적인 이미지만 심어줄 수 있다. 만약 전 직장에 대한 말을 해야 할 경우가 생긴다면 가능한 한 객관적으로 이야기하는 것이 좋다.

ⓔ 자기 자신이나 배경에 대해 자랑하지 않는다. : 자신의 성취나 부모 형제 등 집안사람들이 사회·경제적으로 어떠한 위치에 있는지에 대한 자랑은 면접관으로 하여금 지원자에 대해 오만한 사람이거나 배경에 의존하려는 나약한 사람이라는 이미지를 갖게 할 수 있다. 따라서 자기 자신이나 배경에 대해 자랑하지 않도록 하고, 자신이 한 일에 대해서 너무 자세하게 얘기하지 않도록 주의해야 한다.

3 면접 질문 및 답변 포인트

(1) 가족 및 대인관계에 관한 질문

① 당신의 가정은 어떤 가정입니까?

면접관들은 지원자의 가정환경과 성장과정을 통해 지원자의 성향을 알고 싶어 이와 같은 질문을 한다. 비록 가정 일과 사회의 일이 완전히 일치하는 것은 아니지만 '가화만사성'이라는 말이 있듯이 가정이 화목해야 사회에서도 화목하게 지낼 수 있기 때문이다. 그러므로 답변 시에는 가족사항을 정확하게 설명하고 집안의 분위기와 특징에 대해 이야기하는 것이 좋다.

② 아버지의 직업은 무엇입니까?

아주 기본적인 질문이지만 지원자는 아버지의 직업과 내가 무슨 관련성이 있을까 생각하기 쉬워 포괄적인 답변을 하는 경우가 많다. 그러나 이는 바람직하지 않은 것으로 단답형으로 답변하면 세부적인 직종 및 근무연한 등을 물을 수 있으므로 모든 걸 한 번에 대답하는 것이 좋다.

③ 친구 관계에 대해 말해 보십시오.

지원자의 인간성을 판단하는 질문으로 교우관계를 통해 답변자의 성격과 대인관계능력을 파악할 수 있다. 새로운 환경에 적응을 잘하여 새로운 친구들이 많은 것도 좋지만, 깊고 오래 지속되어온 인간관계를 말하는 것이 더욱 바람직하다.

(2) 성격 및 가치관에 관한 질문

① 당신의 PR포인트를 말해 주십시오.

PR포인트를 말할 때에는 지나치게 겸손한 태도는 좋지 않으며 적극적으로 자기를 주장하는 것이 좋다. 앞으로 입사 후 하게 될 업무와 관련된 자기의 특성을 구체적인 일화를 더하여 이야기하도록 한다.

② 당신의 장·단점을 말해 보십시오.

지원자의 구체적인 장·단점을 알고자 하기 보다는 지원자가 자기 자신에 대해 얼마나 알고 있으며 어느 정도의 객관적인 분석을 하고 있나, 그리고 개선의 노력 등을 시도하는지를 파악하고자 하는 것이다. 따라서 장점을 말할 때는 업무와 관련된 장점을 뒷받침할 수 있는 근거와 함께 제시하며, 단점을 이야기할 때에는 극복을 위한 노력을 반드시 포함해야 한다.

③ 가장 존경하는 사람은 누구입니까?

존경하는 사람을 말하기 위해서는 우선 그 인물에 대해 알아야 한다. 잘 모르는 인물에 대해 존경한다고 말하는 것은 면접관에게 바로 지적당할 수 있으므로, 추상적이라도 좋으니 평소에 존경스럽다고 생각했던 사람에 대해 그 사람의 어떤 점이 좋고 존경스러운지 대답하도록 한다. 또한 자신에게 어떤 영향을 미쳤는지도 언급하면 좋다.

(3) 학교생활에 관한 질문

① 지금까지의 학교생활 중 가장 기억에 남는 일은 무엇입니까?

가급적 직장생활에 도움이 되는 경험을 이야기하는 것이 좋다. 또한 경험만을 간단하게 말하지 말고 그 경험을 통해서 얻을 수 있었던 교훈 등을 예시와 함께 이야기하는 것이 좋으나 너무 상투적인 답변이 되지 않도록 주의해야 한다.

② 성적은 좋은 편이었습니까?

면접관은 이미 서류심사를 통해 지원자의 성적을 알고 있다. 그럼에도 불구하고 이 질문을 하는 것은 지원자가 성적에 대해서 어떻게 인식하느냐를 알고자 하는 것이다. 성적이 나빴던 이유에 대해서 변명하려 하지 말고 담백하게 받아드리고 그것에 대한 개선노력을 했음을 밝히는 것이 적절하다.

③ 학창시절에 시위나 집회 등에 참여한 경험이 있습니까?

기업에서는 노사분규를 기업의 사활이 걸린 중대한 문제로 인식하고 거시적인 차원에서 접근한다. 이러한 기업문화를 제대로 인식하지 못하여 학창시절의 시위나 집회 참여 경험을 자랑스럽게 답변할 경우 감점요인이 되거나 심지어는 탈락할 수 있다는 사실에 주의한다. 시위나 집회에 참가한 경험을 말할 때에는 타당성과 정도에 유의하여 답변해야 한다.

(4) 지원동기 및 직업의식에 관한 질문

① 왜 우리 회사를 지원했습니까?

이 질문은 어느 회사나 가장 먼저 물어보고 싶은 것으로 지원자들은 기업의 이념, 대표의 경영능력, 재무구조, 복리후생 등 외적인 부분을 설명하는 경우가 많다. 이러한 답변도 적절하지만 지원 회사의 주력 상품에 관한 소비자의 인지도, 경쟁사 제품과의 시장점유율을 비교하면서 입사동기를 설명한다면 상당히 주목 받을 수 있을 것이다.

② 만약 이번 채용에 불합격하면 어떻게 하겠습니까?

불합격할 것을 가정하고 회사에 응시하는 지원자는 거의 없을 것이다. 이는 지원자를 궁지로 몰아넣고 어떻게 대응하는지를 살펴보며 입사 의지를 알아보려고 하는 것이다. 이 질문은 너무 깊이 들어가지 말고 침착하게 답변하는 것이 좋다.

③ 당신이 생각하는 바람직한 사원상은 무엇입니까?

직장인으로서 또는 조직의 일원으로서의 자세를 묻는 질문으로 지원하는 회사에서 어떤 인재상을 요구하는 가를 알아두는 것이 좋으며, 평소에 자신의 생각을 미리 정리해 두어 당황하지 않도록 한다.

④ 직무상의 적성과 보수의 많음 중 어느 것을 택하겠습니까?

이런 질문에서 회사 측에서 원하는 답변은 당연히 직무상의 적성에 비중을 둔다는 것이다. 그러나 적성만을 너무 강조하다 보면 오히려 솔직하지 못하다는 인상을 줄 수 있으므로 어느 한 쪽을 너무 강조하거나 경시하는 태도는 바람직하지 못하다.

⑤ 상사와 의견이 다를 때 어떻게 하겠습니까?

과거와 다르게 최근에는 상사의 명령에 무조건 따르겠다는 수동적인 자세는 바람직하지 않다. 회사에서는 때에 따라 자신이 판단하고 행동할 수 있는 직원을 원하기 때문이다. 그러나 지나치게 자신의 의견만을 고집한다면 이는 팀원 간의 불화를 야기할 수 있으며 팀 체제에 악영향을 미칠 수 있으므로 선호하지 않는다는 것에 유념하여 답해야 한다.

⑥ 근무지가 지방인데 근무가 가능합니까?

근무지가 지방 중에서도 특정 지역은 되고 다른 지역은 안 된다는 답변은 바람직하지 않다. 직장에서는 순환 근무라는 것이 있으므로 처음에 지방에서 근무를 시작했다고 해서 계속 지방에만 있는 것은 아님을 유의하고 답변하도록 한다.

(5) 여가 활용에 관한 질문

① 취미가 무엇입니까?

기초적인 질문이지만 특별한 취미가 없는 지원자의 경우 대답이 애매할 수밖에 없다. 그래서 가장 많이 대답하게 되는 것이 독서, 영화감상, 혹은 음악감상 등과 같은 흔한 취미를 말하게 되는데 이런 취미는 면접관의 주의를 끌기 어려우며 설사 정말 위와 같은 취미를 가지고 있다하더라도 제대로 답변하기는 힘든 것이 사실이다. 가능하면 독특한 취미를 말하는 것이 좋으며 이제 막 시작한 것이라도 열의를 가지고 있음을 설명할 수 있으면 그것을 취미로 답변하는 것도 좋다.

② 술자리를 좋아합니까?

이 질문은 정말로 술자리를 좋아하는 정도를 묻는 것이 아니다. 우리나라에서는 대부분 술자리가 친교의 자리로 인식되기 때문에 그것에 얼마나 적극적으로 참여할 수 있는 가를 우회적으로 묻는 것이다. 술자리를 싫어한다고 대답하게 되면 원만한 대인관계에 문제가 있을 수 있다고 평가될 수 있으므로 술을 잘 마시지 못하더라도 술자리의 분위기는 즐긴다고 답변하는 것이 좋으며 주량에 대해서는 정확하게 말하는 것이 좋다.

(6) 여성 지원자들을 겨냥한 질문

① 결혼은 언제 할 생각입니까?

지원자가 결혼예정자일 경우 기업은 채용을 꺼리게 되는 경향이 있다. 업무를 어느 정도 인식하고 수행할 정도가 되면 퇴사하는 일이 흔하기 때문이다. 가능하면 향후 몇 년간은 결혼 계획이 없다고 답변하는 것이 현실적인 대처 요령이며, 덧붙여 결혼 후에도 일하고자 하는 의지를 강하게 내보인다면 더욱 도움이 된다.

② 만약 결혼 후 남편이나 시댁에서 직장생활을 그만두라고 강요한다면 어떻게 하겠습니까?

결혼적령기의 여성 지원자들에게 빈번하게 묻는 질문으로 의견 대립이 생겼을 때 상대방을 설득하고 타협하는 능력을 알아보고자 하는 것이다. 따라서 남편이나 시댁과 충분한 대화를 통해 설득하고 계속 근무하겠다는 의지를 밝히는 것이 좋다.

③ 여성의 취업을 어떻게 생각합니까?

여성 지원자들의 일에 대한 열의와 포부를 알고자 하는 질문이다. 많은 기업들이 여성들의 섬세하고 꼼꼼한 업무능력과 감각을 높이 평가하고 있으며, 사회 전반적인 분위기 역시 맞벌이를 이해하고 있으므로 자신의 의지를 당당하고 자신감 있게 밝히는 것이 좋다.

④ 커피나 복사 같은 잔심부름이 주어진다면 어떻게 하겠습니까?

여성 지원자들에게 가장 난감하고 자존심상하는 질문일 수 있다. 이 질문은 여성 지원자에게 잔심부름을 시키겠다는 요구가 아니라 직장생활 중에서의 협동심이나 봉사정신, 직업관을 알아보고자 하는 것이다. 또한 이 과정에서 압박기법을 사용해 비꼬는 투로 말하는 수 있는데 이는 자존심이 상하거나 불쾌해질 때의 행동을 알아보려는 것이다. 이럴 경우 흥분하여 과격하게 답변하면 탈락하게 되며, 무조건 열심히 하겠다는 대답도 신뢰성이 없는 답변이다. 직장생활을 위해 필요한 일이면 할 수 있다는 정도의 긍정적인 답변을 하되, 한 사람의 사원으로서 당당함을 유지하는 것이 좋다.

(7) 지원자를 당황하게 하는 질문

① 성적이 좋지 않은데 이 정도의 성적으로 우리 회사에 입사할 수 있다고 생각합니까?

비록 자신의 성적이 좋지 않더라도 이미 서류심사에 통과하여 면접에 참여하였다면 기업에서는 지원자의 성적보다 성적 이외의 요소, 즉 성격·열정 등을 높이 평가했다는 것이라고 할 수 있다. 그러나 이런 질문을 받게 되면 지원자는 당황할 수 있으나 주눅 들지 말고 침착하게 대처하는 면모를 보인다면 더 좋은 인상을 남길 수 있다.

② 우리 회사 회장님 함자를 알고 있습니까?

회장이나 사장의 이름을 조사하는 것은 면접일을 통고받았을 때 이미 사전 조사되었어야 하는 사항이다. 단답형으로 이름만 말하기보다는 그 기업에 입사를 희망하는 지원자의 입장에서 답변하는 것이 좋다.

③ 당신은 이 회사에 적합하지 않은 것 같군요.

이 질문은 지원자의 입장에서 상당히 곤혹스러울 수밖에 없다. 질문을 듣는 순간 그렇다면 면접은 왜 참가시킨 것인가 하는 생각이 들 수도 있다. 하지만 당황하거나 흥분하지 말고 침착하게 자신의 어떤 면이 회사에 적당하지 않는지 겸손하게 물어보고 지적당한 부분에 대해서 고치겠다는 의지를 보인다면 오히려 자신의 능력을 어필할 수 있는 기회로 사용할 수도 있다.

④ 다시 공부할 계획이 있습니까?

이 질문은 지원자가 합격하여 직장을 다니다가 공부를 더 하기 위해 회사를 그만 두거나 학습에 더 관심을 두어 일에 대한 능률이 저하될 것을 우려하여 묻는 것이다. 이때에는 당연히 학습보다는 일을 강조해야 하며, 업무 수행에 필요한 학습이라면 업무에 지장이 없는 범위에서 야간학교를 다니거나 회사에서 제공하는 연수 프로그램 등을 활용하겠다고 답변하는 것이 적당하다.

⑤ 지원한 분야가 전공한 분야와 다른데 여기 일을 할 수 있겠습니까?

수험생의 입장에서 본다면 지원한 분야와 전공이 다르지만 서류전형과 필기전형에 합격하여 면접을 보게 된 경우라고 할 수 있다. 이는 결국 해당 회사의 채용 방침상 전공에 크게 영향을 받지 않는다는 것이므로 무엇보다 자신이 전공하지는 않았지만 어떤 업무도 적극적으로 임할 수 있다는 자신감과 능동적인 자세를 보여주도록 노력하는 것이 좋다.

02 면접기출

1 동원그룹 면접기출

• (영업) 스스로 정의하는 영업맨이란 무엇인가?

• (영업) 영업이란 무엇인가?

• (영업) 전공을 영업에 어떻게 활용할 수 있는가?

• (영업) 자신이 알고 있는 식자재에 대해 말해 보시오.

• (경영지원) 자본과 자본금에 대하여 설명하시오.

• (경영지원) 손익계산서 작성과정을 설명하시오.

• (디자인) 시각디자인, 홍보디자인, 패키지디자인의 차이점과 공통점을 말하시오

• (디자인) 자신이 하고 싶은 패키지 디자인은 무엇인가?

• (디자인) 포토샵 사진의 문제점은 무엇이라고 생각하는가?

• (디자인) 디자인한 작품 중에 패키지작업을 한 작품이 있으면 설명해 보시오.

• (디자인) 오토캐드를 사용할 줄 아는가? 상·중·하로 표현했을 때 사용능력이 어느 정도라고 생각 하는가?

• 학생과 사회인의 차이점은 무엇인가?

• 자신의 장점은 무엇인가?

• 자신의 전공이 선택 직무에 적합하다고 생각하는가?

• 자신을 한 단어로 표현해 보시오.

• 학창시절 가장 어려웠던 일과 보람찼던 일은?

- 자신의 인생에 있어서 중요한 단어 세 가지를 나열해 보시오.

- 자신의 일과 삶의 밸런스에 대해 이야기해 보시오.

- 싱글족의 증가에 따른 동원의 강점과 약점에 대해 이야기해 보시오.

- 짜파구리와 같은 타사 제품과 동원 제품의 콜라보 제품을 제안해 보시오.

- 부자를 정의해 보시오.

- 대외활동 혹은 경험 등을 통해 얻은 것에 대해 이야기해 보시오.

- 오늘 금 시세를 아는가?

- 전공이 어떻게 도움이 되었는가?

- 마지막으로 하고 싶은 말은 무엇인가?

- 회사원이 되려고 하는 이유는 무엇인가?

- 여러 계열사 중 어디에서 근무하고 싶은가? 그 이유는 무엇인가?

- 동원의 현재 CF모델은 누구인가?

- 동원 제품에 대해 아는 대로 말해 보시오.

- 지원 근무지에서 생산되는 제품의 종류는?

- 졸업을 했는가? 졸업예정자 치고 나이가 많은데 그 사유는 무엇인가?

- HACCP에서 CCP가 무엇인가?

- 동원의 제품을 본 적 있다면, 느낀점과 개선점은 무엇이라고 생각하는가?

- 라면 끓이는 법을 설명하시오.

- 연봉이 3천 만 원이라면 자신이 회사를 위하여 얼마의 이익을 창출해야 하겠는가?

- 품질관리가 기업 이미지에 미치는 영향에 대해 설명하시오.

2 대기업 채용 빈출 면접 질문

• 자기소개를 1분간 해 보시오.

• 자신의 단점에 대해 말해 보시오.

• 지원동기 및 앞으로의 포부에 대해 말해 보시오.

• 책임을 맡아 일을 진행하다가 실패로 끝난 경험이 있다면 말해 보시오.

• 본사에 입사해서 가장 해보고 싶은 것은 무엇인가?

• 타인과 차별화 될 수 있는 자신만의 장점 및 역량은 무엇인가?

• 최근에 가장 인상 깊게 본 시사 뉴스에 대해서 말해 보시오.

• 우리 기업에 대해 아는 대로 말해 보시오.

• 직장 생활 중 적성에 맞지 않는다고 느낀다면 어떻게 할 것인가?

• 우리가 귀하를 뽑아야 하는 이유가 무엇인지 설득해 보시오.

• 본사 말고 지원한 기업은 어디인가?

• 문제 상황에서 주도적으로 해결했던 경험이 있다면 말해 보시오.

• 손해가 나는 상황에서도 다른 사람을 도왔던 경험이 있다면 말해 보시오.

• 직장 생활 중 상사와의 불화 상황에서 어떻게 대처할지 말해 보시오.

봉투모의고사 **찐!5회** 횟수로 플렉스해 버렸지 뭐야 ~

국민건강보험공단 봉투모의고사(행정직/기술직)

국민건강보험공단 봉투모의고사(요양직)

합격을 위한 준비
서원각 온라인강의

요점만 담은
알짜이론

믿고보는
교수진

www.sojungedu.co.kr

공 무 원	자 격 증	취 업	부사관/장교
9급공무원	건강운동관리사	NCS코레일	육군부사관
9급기술직	관광통역안내사	공사공단 전기일반	육해공군 국사(근현대사)
사회복지직	사회복지사 1급		공군장교 필기시험
운전직	사회조사분석사		
계리직	임상심리사 2급		
	텔레마케팅관리사		
	소방설비기사		